家校钟声

钟亚利　著

Jia Xiao Zhong Sheng

直面家校之间出现的矛盾和问题

推动学校、社会和谐进步

中国社会出版社
国家一级出版社·全国百佳图书出版单位

致　谢

谨以此书，献给为了“让生命阳光般灿烂”而付出与努力的北京市朝阳区垂杨柳中心小学“生命成长共同体”的所有成员——所有孩子、所有教师、所有家长，向你们致敬！

写在前面的话

“人是唯一必须受教育的被造物。”（康德《论教育学》）

本书所有案例及其中的人物均取材于真实事件，他们共同构成了本书原发性的思想与创作源头。出于强烈的现实关注和自觉的教育情怀，写下他们的同时，所有孩子、家长及教师均使用了化名。当然，作者在语言、学理、思维等方面的修养还有很大的提升空间，不当之处必是难免，望谅解！

目　录

CONTENTS

家校矛盾篇

家庭教育篇

公共安全篇

特殊学生篇

序一

吹响学校现代教育治理体系与治理能力建设的哨声

“非常时期”收到这部非同寻常的电子书稿，作者是北京市朝阳区垂杨柳中心小学教育集团钟亚利校长，令我亦惊亦敬。

我深知，在举国战“疫”下的“停课不停教、不停学”的关键时刻，作者身兼特级校长与特级教师，始终积极参与北京市教委组织的“首都双特行动”，为学生、家长、教师支招，她还肩负着五校十六址的校园安全与复课准备，组织上万名师生有序开展“德智体美劳”全员全学科全覆盖全融通的居家自主远程学习；白天奔波于不同的校区与网络教学直播间，夜晚又在校园公众号上看到她与师生和家长交流互动，为他们鼓劲加油……我发自内心地惊叹钟校长敬业、高效、专精的工作，更敬佩她的无私奉献与使命担当。对于特殊时期的“双特”校长来说，何止是“停课不停教、不停学”，还要“不停统筹管理、不停服务治理、不停教研科研”，其中该倾注了多少心血和力量啊！

一口气通读了全书。五章21个典型案例，既有亲历者的娓娓述说、管理者的复盘研判、审视者的理性反思，也有跨领域、多视角的“他者”换位思考，引人入胜，令我不忍释卷。“非常时期”的“非常规阅读”，带给我的是特殊感悟。

其一，该书不是充斥坊间的办学成果展示、成功经验总汇或“高大上”的理论彰显。如作者自述：内心流淌、笔下讲述的，多是教育改革进入深水区绕不开、躲不过的关关卡卡、沟沟坎坎。面对治校理教、全面育人过程中的“难点、痛点、关键点”，作者坚守求真务实的“问题导向”，聚焦危机挑战，亲力亲为组织攻坚克难、化险为夷、转危为机。作为孜孜践行教育理想的校长，执笔记录下刻骨铭心的心路历程与感悟思考，具有新时代的启迪性，充满理论与实践相结合的创造张力。据了解，原创书名拟作《家校褃节儿》，存有争议，其实恰又反映出全书以“感动时的真情流露、无奈时的心底呼唤、回望时的反思沉淀”，吸引广大教育同人、家长和社会各界关注“百年大计、育人为本”的阅读魅力和开卷受益的独特价值。

其二，内心流淌、笔下讲述的故事，“取材于真实事件……构成原发性的思想与创作源头”，真实鲜活灵动。如“意外伤害篇”的司法诉讼、伤害赔付，“家校矛盾篇”的“腹背受敌”“幺蛾子”“校闹”，“家庭教育篇”的报班焦虑、“碰瓷”事件，“特殊学生篇”的“熊孩子”“欺凌现校园”，等等，其中矛盾错综、冲突迭起、博弈环生。难能可贵的是，作者以育人情怀与实践智慧，公平理性地从容应对，叙述、议论与批判性反思交融，学理、法理与情理贯通。

仅举书中引人关注的两个实例：

针对千家万户对“社会报班”的过度焦虑，作者通过焦虑引发的乱象，条分缕析地帮助家长和学生破解“功利诱导与育人为本”“抢先与透支”“无病乱投医瞎吃补药与生命成长规律”“短视遮蔽长远”种种悖论与误区，入情入理地阐述“助跑不抢跑”的科学道理。

针对学生体育健康与校园伤害事故的矛盾焦点，书中提供了翔实的案例与有效的操作方法，大声疾呼：别让运动风险成为学生体质健康的“拦路虎”，并介绍了成功的实践路径：家校齐心编织“安全网”；学校与专业机构合作研制安全运动读本、落实安全主题教育，让每位学生心中有一根安全绳、行动中有一套自我保护组合拳，充分运用人工智能，建立学生运动安全与健康信息档案。与此同时，还要加强法治建设，学校、家长与政府部门厘清各自责任，依据法律条规合理合法地维护自身权益，为学生在阳光下运动、在运动中成长编就“安全网”。

其三，校园如一片净土、一池清水，却又与山川相依、江湖相望，会有阴晴晦明、风吹雨打、波澜翻涌或潜流旋涡。书中以家庭为教育的原点、社会为教育的源泉，全面展示了校园治理无法回避的遭遇战，例如校园“碰瓷”事件，其错综复繁、诡异悬疑直至危机应对、妥善处理，确是以往教育学原理或校长教师培训教材中所罕见。

从肢体“碰瓷”，到家校关系、政策执行、学业考评、信息真伪，直至心机私利、谎言圈套，凡此种种都会演变为“碰瓷”的闹剧。书中案例倾诉了苦衷：“学校被‘碰瓷’，除非有清晰、确凿的视频证据，否则就是‘秀才遇到兵，有理说不清’，更要兼顾‘碰瓷者’的孩子在校园里求学，最终只能‘打落牙往肚里吞’。”

诚然，校园中“碰瓷”所占比率极低，低到容易让人忽略，但又有一个让人头疼的特点，那就是只要有人存心“碰瓷”，校园安全管理往往处于被动，因为它无从预料、难以防范、防不胜防。既然理论上杜绝“碰瓷”行为是不可能的，如何尽可能减少它、抑制它呢？

作者的分析给人深刻启示：如果说，人间难免心机算计、私利谎言，那么，校园一定是充满仁爱和包容、智慧和能量的“人间净土”。“校园”存在的意义，就是努力把美好的事物、善良的情感，尽可能多地播撒到人间。

实践证明，价值取向多元，往往导致家长诉求纷争、矛盾激化、冲突升级，而过激诉求与态度激变，挫伤的是孩子的天真心灵。凝聚家校守望相助的力量，孩子又是最好的“黏合剂”。依法预防与化解，拉锯斡旋，背后是校长、老师在时间、精力、耐力与毅力上的超常付出；一波三折，峰回路转，“一方放下、一方宽容”，靠的是理性传递、真情感化、以德报怨，是学生之间的童心友善，以及更多家长与社会组织的正面影响。

为此，书中记录了垂杨柳中心小学的实践策略——让信任之风溢满育人的校园。包括：处理好现实社会与虚拟社群、大生态与小环境的辩证关系，创造一个“天眼通透”的阳光环境；强化教师与家长的双向培训，强调家长和学校是学生教育的“两条腿”，必须协调运动才得以前行；老师是家校关系中的桥梁，适切有效的沟通是家校协作育人的必要途径；建立“沟通密钥”，规定“微信八不准”，形成校园育人完整过程的记录……从实践中产生、又经过实践验证的策略与方法，具有示范推广的价值。

其四，现代学校治理体系的完善与治理能力的提升，既是重中之重，又是当务之急。

例如，“公共安全篇”对于流感事件、食堂争议、校园欺凌、罢课风波等的翔实记录与透彻解析，在打赢防控疫情总体战、阻击战的特殊背景下，更显紧迫重要。书中“把好传染病防控关”一节，“兄妹水痘谁是第一链”，讲述了学校肩负着“流行病调查与阻隔”的艰巨任务。“流感袭来如何防控”，记录了校园内外“一场没有硝烟的战斗”。读之曲折惊悚，思之责任如山。弥足珍贵的是，作者没有将这些看似“非教育因素”当成分外之事，而是以高度的责任心将校园食品安全和防控诺如、流感、雾霾、“非典”直至“新冠”的过程、细节、成效乃至不足，悉心精确记载下来，成为学校应对突发性公共事件的案例教材。

结合自身从事教师教育四十余年的经历，我更愿将此书作为加速现代教育治理体系与治理能力建设、深化教育改革的警醒的哨声与行动的集结号。

总之，治理超大型集团校，需要高屋建瓴的大视野，以强烈的现实关注和自觉的理想追求，驾驭学校发展中大大小小的关坎阻障；需要挚爱悲悯的大情怀，守望师生成长、花开有声，做好学校教育的同时影响带动家庭教育、维护促进社会和谐；需要刚勇坚毅的大心脏，敢担重责、知难而进，不怕事、不畏难、不诿过；需要专精睿敏的大智慧和“宽可容人，厚以载物”的大胸襟。正如书中所录，处理家校诉讼时校长内心的真实感受：“拿到胜诉‘判决书’，我却没有想象中那样如释重负……唯一的希望就是帮助家长跨出误区，呵护孩子勇敢地走出自我。”怎样实现家校合作、互育共治，怎样促进师生家长的沟通理解、心心相通？教育人的思索探究放不下、舍不掉、割不断。

阅读全书，能够看到新时代优秀校长的品质、气度、涵养与担当，愿将学习心得与读者分享。

是为序。

北京教育学院教授、原院长，中国教育学会学术委员　**李方**
2020 年 3 月 7 日于防疫宅中

序二

教育的真善美

笔者荣幸结识朝阳区垂杨柳中心小学钟亚利校长已经六年有余，每次接触她都是笔者的一种学习和感动。她作为一个看似柔弱而普通的女性，却拥有深厚的慈悲情怀和巨大的教育勇气，这是新时代成功校长的道德根基。

记得两年前，钟亚利校长就告知笔者，她正在把学校生动、鲜活、复杂甚至烦琐的教育故事记录下来，保留教育的原生态，牢记育人的初心。2020 年 1 月底，在新冠肺炎疫情蔓延的特殊时刻，钟亚利校长的《家校钟声》书稿如一抹久违而温暖的阳光，照亮我有些灰暗阴冷的心境。

她把自己七年来在垂杨柳中心小学教育集团担任校长的诸多故事凝缩在笔端，如一幅幅教育画卷而徐徐展现。意外伤害、家校矛盾、校园碰瓷、罢课风波、欺凌霸凌等字眼看似敏感，实则距离我们很近……作者因大爱而勇敢，因勇敢而真实，因真实而深刻，因深刻而崇高。钟亚利校长“让学校成为干部成长的摇篮、名师成长的基地、教师幸福从教和学生健康成长的港湾”的梦想，在一个个案例中悄然实现了。

《家校钟声》是她深刻理解教育，勇敢探索教育，科学创造教育的心灵之作，充满了对真善美的探究和对复杂教育问题的凝思，是汗水、泪水和智慧的凝结，折射出在集团化办学的复杂教育环境下一个优秀校长办学办教育的新境界。

《家校钟声》难得于真，不回避矛盾，敢于面对问题，直面学校办学困境，寻找和合育人的“根节儿”。作者从教育叙事的视角回眸学校、教师、孩子和家长，不断叩问自己，深刻把握住育人育心、达人达己的主线，是生命教育的伟大赞歌。此书出版非常必要，一定会激励更多校长、老师和家长正确理解教育，探究教育，画出最大的育人同心圆。

热烈祝贺钟亚利校长！

北京教育科学研究院德育研究中心主任，研究员　**谢春风**

2020 年 3 月于北京

自序

内心的流淌　笔下的故事

一、为什么要写下这些故事

在我的教育生涯刚好走过30年的时候，因为组织上安排的岗位调整，我来到了垂杨柳中心小学。一晃七年，刚好占我任职校长时长的1/3。这七年，在我心里始终有一个目标：退休前再完成一个成功的办学案例，让垂杨柳中心小学成为“干部成长的摇篮、名师成长的基地、教师幸福从教和学生健康成长的港湾”。

偶然，也是必然，如今的垂杨柳中心小学，经历自身蜕变和2014、2015、2019年三次教育资源整合与调整，从一个普通城市小学，壮大为“五校十六址”办学，服务近万名小学生的集团学校，这其中所有人的努力自不必说。

人们表达喜怒哀乐、排解心中酸甜苦辣的做法很多，其中一种就是——“写作”。不知不觉，那些内心的流淌竟成了笔下的这些故事。

这些故事是感动时的真情流露

《必须换掉她》里，那位家长曾经执意要罢免的佟老师，从始至终没有过一句委屈和抱怨，而是跟学校同步同向解决问题。我在全体教师会上表扬她的时候，佟老师回应了三句话：自己当了20多年的老师，现在还得让年轻的班主任为自己解围，无地自容；学校提出的“走进学生心灵”和“携手家长”，自己都没有做到，惭愧至极；学校领导每次处理家校矛盾都是保护老师、包容家长，真正在促进每一个生命的健康成长，对社会负责，所以，格外踏实。

很多人因佟老师的“无地自容、惭愧至极、格外踏实”而动容，热泪盈眶，我也被佟老师和大家的真情所感动。于是，我用笔记录下这些“健康、向上、担当”的教育者，记录下那群“可爱、向上、团结”的家长，用以鞭策自己。

这些故事是无奈时的心底呼唤

《无法当空军》是2019年5月，因两年前的一次学生意外受伤事件，终于圆满解决，我有感而发写下的。事情发生的时间特别好记，正好是中国共产党第十九次全国代表大会开幕那天——2017年10月18日。当晚，惦记在一线的干部，我也彻夜未眠，顺手写下这段话：“垂杨柳中心小学师生众多，家校矛盾肯定是难免。每次来势汹汹，如果碰巧赶上自己身体状况不佳，那简直就是体力活儿啊！首先不能让自己倒下，清醒、镇定才能连续奋战，才能做大家的主心骨。怕哪个环节不给力引发新的矛盾，使问题解决陷入复杂困境；怕大家用心血和汗水铸成的学校口碑，被不负责任的媒体炒作，成为社会发泄的出口；怕当事老师不能积极应对，委屈抱怨，因小失大；怕个别家长和社会的不善良，伤害更多伙伴心中的教育理想。但是我更怕的是那些‘不善良’进入孩子的耳朵和眼睛，让他们从此不再纯净，上学不再是那么美好的事情，老师不再是那个可以信赖的人生向导；更怕的是老师们因家长‘护子得胜’的阴影而迷失了方向，无法再为孩子们的生命成长导航……”

这些故事是回望时的反思沉淀

发生在家校之间的事件，很多是社会问题的映射。对处理方式的梳理和反思，不断丰富着我们的集体智慧，沉淀为我们的共同意志。比如：

直面学校或家校之间出现的矛盾，把握每一次处理问题过程中锻炼队伍、引导家长、影响社会的契机，是推动学校、社会和谐进步的重要内容和有效策略。——《教育勇气》

如果说，每一个孩子心里都“住着”一个哪吒，那么，我们每一位老师应该学习哪吒的母亲，始终去尊重他、认同他、信任他、接纳他……始终爱他。——《“熊孩子”的画展》

当教育陷入功利化的泥潭，孩子也会忘记学习的初心。当家长告诉孩子“你只有学习优秀，才是爸妈的好孩子”时，孩子也有可能反过来要求家长做到最好，能够满足自己一切物质条件上的需要。否则，“优秀”的孩子必然会嫌弃“平庸”的父母。——《优秀焦虑》

学校是育人的地方，应该是儿童成长的净土、社会道德的高地，但是

如果担当教育使命的教师被迫远离“师道尊严”，甚至有时候不得不向学生和家长“妥协”，也许我们整个社会所失去的远比个体得到的要多得多。——《被纸张划伤》

二、为什么要分享这些故事

如果从社会和历史的角度去审视我们教书育人的工作，比“光荣绽放”更需要勇气，更应该花些笔墨去记录的，是我们与时代脉搏的同频共振，与社会发展的不断对标，是垂杨柳中心小学教育团队始终牢记使命、砥砺前行的信仰和担当。

这些故事是学校的文化表达

“让生命阳光般灿烂”是垂杨柳中心小学的办学理念。这一办学理念来源于对儿童、教师、家长和社会关系的深刻认识。我们认为：学校是学生、教师、家长彼此关联的一个有机生命组织，这个“生命成长共同体”以学生成长为核心，以教师和家长成长为纽带，在学生成长过程中，教师专业素养得到提升，自身价值得以体现；家长素质得到提高，家庭幸福得以实现；社会变得和谐进步。

一方水土养一方人，一所学校的文化水土，不仅滋养着师生，也温润着家庭。

七年来，我们坚定走在办好人民满意教育的路上，把努力，化作一个

个师生个体和学校集体的成长。如今，我们不仅因学校发展的新局面感到幸福和自豪，更因家校密切合作感到温暖和自信。学校治理的持续加强、管理能力的逐步提高、师德建设的不断巩固，使得我们的干部教师队伍拥有了更加健康、向上、担当的精神气质，在立足做好学校教育的同时，影响和带动家庭教育，助力和推进社会和谐进步。

这些故事记载着我们曾经经历的成长，虽痛犹荣。回望过往，并非徒增感念，而是更加清晰文化表达，更加坚定育人初心。

这些故事是集体反思的火花

近年来，以毒操场、校园欺凌、食品安全等典型事件为代表的家校矛盾或危机事件屡见报端，引起全社会的广泛关注。我们所经历的大大小小的事件，“危急”和“危机”程度，丝毫不亚于此。产生矛盾不可避免，但是如果我们把发生在学校的家校矛盾看作“家丑”，不愿或不敢外扬，这就压抑了我们对“危机”背后社会本源问题的积极探寻，导致应对“危机”的很多经验做法得不到很好的总结和分享，更不用说把“危机”当契机，引导干部、教师、家长、学生在反思中成长。

我曾经写下过一连串的“怕”，在朋友圈引来无数回应，甚至有不少老师和校长与我一样正在进行着“危机”处理。一场场危机，一回回努力，一遍遍回味，一次次成长。把那些曾经的痛苦与欣慰，付出与收获，温暖与感动记录下来，提炼、凝结的不仅是学校文化，更是我们奉献给社会的一笔宝贵财富。

年初，当我着手回顾、整理这些故事时，突如其来的新冠肺炎疫情正在肆虐神州大地。在举国抗“疫”、全民战“疫”的社会大背景之下，再度聚焦“意外伤害”“家校矛盾”“家庭教育”“公共安全”“特殊学生”等发生在家校之间的这些真实故事，除了回顾当时的情境和心路，也感悟到许多新意义。

其一，透过医疗看教育。治疗新冠肺炎最好的方案是“中西医结合”。一般说来，中医以辨证论治为主，重视人体内在的抗病能力，强调具体情况具体分析。西医以辨病为主，重视局部的器质和功能变化，运用现代科学技术和手段诊断和治疗。当医生面对与患者同样陌生的“新冠病毒”时，能给予患者的只是“支持性的治疗”，往往最终战胜病魔的不是药物和技术，而是患者自身的免疫能力和患者生命的顽强毅力。

教育和医疗相同，最终也是要靠生命自身的启动，实现自愈性的成长。无论学校教育还是家庭教育，都要从疫情中汲取教育智慧，不断研究和使用支持性的育人策略。那么，这些故事，以问题为导向，同样可以让家长和教师，从中获得治标固本、攻坚克难、化险为夷的育人本领。

其二，透过教育看社会。这些故事所反映的问题，都是教育的痛点、难点，说是当今教育的重中之重、当务之急也不为过。探讨其背后深刻的学理、法理、情理，更关乎教育、关乎社会的长治久安。

“家校矛盾”篇章，聚焦学校与家庭，两个空间一条主线，都是育人。家长是培养孩子，学校是培养接班人，共育本一致，矛盾缘何来？归根到底是成长的烦恼。家校矛盾多发生在低年级，孩子入学后，身上有一股种子破土般的张力，要冲破原有的家庭教育，又要适应全新的学校环境。当家长的期盼和学校的期许不同步、不共振时，就会产生误解，引发矛盾。问题产生，家长和老师都不要太过放大，要学会换位思考。

“意外伤害”篇章，聚焦意外事件的难以预测和难以驾驭，学校一旦有学生遭受意外伤害，切莫再伤害到孩子的心灵。学校与社会，有如山川相依，江湖相望，我们既要保持学校一方净土，一池清水，又不能把学校阻隔于社会之外。“生活即教育，社会即课堂”，现代家长要为孩子适应法治社会，树立客观理智思维的榜样；现代学校要把那些无法回避的“遭遇战”当作资源，揭示校园治理的深刻内涵。

把故事归于不同篇章，聚焦不同问题，愿望美好，落笔很难。因为每一个故事所反映的社会心理相同、情感相通，解决问题的目标一致、价值趋同。最终，所有问题解决都基于信任，信任是金，家长要信任老师、老师也要信任家长，家长和老师都要相信孩子，相信未来。

让我放下纠结，完成排列，是想到分享的意义。

“疫情”中，我们常听到免疫力、集体免疫等词语。当我们面对病毒时，个人的免疫力决定着集体的免疫力，集体免疫力的强弱取决于集体的短板，每一个孩子免疫力强，才有班级强、学校强，每一个人的免疫力都关乎家庭和社会，所以，抗击疫情要从自我保护做起，建立起个人的“免疫银行”，才能为家人提取健康，才能为社会贡献力量。

学校的工作主线是五育并举、全员育人。伴随着课程改革、课堂教学、教育质量、安全健康等学校工作全过程的各类突发危机事件，是有效推动学校发展、完善学校治理体系、提升治理能力的宝贵资源。如果我对这些故事的记载，能够引发大家的思考，进而成为引发集体反思的火种，那么我们的学校组织，将如同获得集体免疫，可以全面、全员提升立德树人、服务社会的本领。

限于篇幅和时间的关系，我在本书中暂与读者分享了21个故事，这些故事里有我们坚守的初心、追求的文化、育人的智慧……

希望这些故事，能够让大家“读进去”，以期引起共鸣……

意外伤害篇

家长诉求

题记

“学校犹水也，师生犹鱼也，其行动犹游泳也，大鱼前导，小鱼尾随，是从游也。”

——梅贻琦

事件回放

儿童自制能力差，活泼好动，好奇心强，发生意外在所难免。学校对此防不胜防，甚至为了所谓的安全，必要的活动也不敢组织。造成这种“因噎废食”现状的原因还有一点，就是意外发生以后部分家长的表现。

在我处理过的意外事件中，2013 年因意外导致骨折的小桐，他父亲对学校提出的诉求让我记忆犹新——

偶遇家长

2013 年 6 月，上任垂杨柳中心小学校长不久，这天中午，我来到学校低年级部，看到一位 40 多岁学生家长模样的男同志正在和传达室人员交涉着什么，我上前表示出关切，传达室工作人员客气地说：“您上楼吧，没事，是来找李校长的。”我刚要走开，这位男同志说：“您是新来的钟校长吧？太好了，我就想找您。”

来人是三（1）班小桐的爸爸。

我引着小桐爸爸一起来到办公室，与他面对面坐下，看到家长一脸愁容。

我关切道：“您找我什么事？别着急，慢慢说。”

“早就听说您，我家住水南庄，也是咱垂杨柳毕业的。”挺温暖的一句话，我却从中听出一种怨气。

我顺势和小桐爸爸攀谈起来，先聊学校原先的建筑，又聊起他原先的班主任老师，慢慢地把话引入了正题。

孩子受伤

小桐爸爸打开了“话匣子”：

“我很欣赏学校开展的很多体育活动，自己小时候在学校就喜欢运动，当年体育课踢足球，把球踢到院外，因爬墙出去捡球还把腿摔骨折了。”

“我知道很多学校除了体育课和上操，都不支持学生在课间去操场运动，而把学生‘圈’在教学楼里。小学生正处于身体的快速发育期，适量的运动对学生的身体发育极有好处。”

“小桐和自己当年比差远了，所以我愿意让孩子到操场、到大自然、到阳光下，多活动身体，多和伙伴一起运动。不想，小桐前些日子在学校也骨折了。”

……

家长说的情况，后来我在校区主管校长那里得到了证实：

“单双杠”是校园里常见的运动设施，通过“单双杠”的锻炼，不仅可以增强学生上肢力量，还能促进学生的平衡力和思维能力发展，尤其对于现在许多学生上肢纤瘦、下肢粗壮的体形也能够有很好的改善。但是“单双杠”对学生的上肢力量要求比较高。很多学生本来平时体育锻炼就少，能够锻炼到上肢的机会更是不多，直接结果就是造成当前中小学男生上肢力量普遍偏弱。在使用“单双杠”的过程中，万一孩子从杠上掉下来，即便掉到垫子上，也容易发生骨折的意外。

因此，像“单双杠”这样的体育设备存在一定的危险性，如果没有老师在一旁保护监督，学校不允许学生擅自使用。

那天中午，班主任李慧老师带领三（1）班的学生在操场进行大课间活动，一不留神，小桐与另外一名男生跑去玩起了双杠。

李慧老师这一疏忽，转眼就闹出了大事。小桐在双杠上没玩儿两下，双手没抓稳，不慎从杠上摔下来，虽然双杠下面有保护垫，小桐还是受伤了。

接下来，李慧老师和学校相关人员可就忙开了：将小桐紧急送医、立即联系学生家长、年级主任慰问探望、卫生老师启动校方责任险报案……一个月以来，学校密切关注，感觉事情处理得还挺圆满的。

当时，我凭以往的经验判断，这次小桐爸爸到学校来，一定是谈赔偿的。

高额花费

我向家长询问孩子就医的情况。

家长说："当时孩子的伤很严重、很复杂，是粉碎性骨折，送到某急救中心，医生说孩子胳膊的骨折情况复杂，决定立即手术。我还是稍微懂点，就先没给孩子做这个手术，带孩子到某骨伤医院，还不错，人家硬是把几块碎了的骨头给捏上了。可是孩子当时可受大罪了，我小时候骨折过，他这个比我可要疼不知道多少倍，当时甭提多心疼了，我一大老爷们儿愣是眼泪哗哗的。"说着家长的眼圈又红了。

小桐爸爸调整一下气息继续说道："从孩子受伤到现在，这一个半月，已经花了 5 万多块钱了，医生说后边怎么也还得这个数。为了孩子，花多少钱我都不在乎。"

家长的话到此，我更加断定来意，就对家长说："您别着急，给孩子看病第一，如果您有什么困难，我可以帮您想办法，已经发生的医疗费用，我们可以马上联系有关部门，争取尽快地报销回来。"我安慰家长："您放心，孩子的伤发生在学校，我们绝对不会推卸责任……"

然而我判断错了，小桐爸爸根本不是来谈赔偿的。

"老师来了！"

小桐爸爸打断我的宽慰："校长，您误会了，我不是来谈责任的。"

小桐爸爸这是在跟我卖什么关子吗？

“我们家是老北京，从老家儿那儿就讲究，我小时候在学校把腿摔折了，我妈跟老师说‘您什么都甭管，他活该，谁让他有门不走’，可这回到我们家孩子这儿奶奶可心疼死了，老太太成天守着我们家孩子。”

我还是不知道家长要说什么。

“自打孩子受了伤，您问问老师，我们家长说什么了？老师给送到急救中心，之后去骨伤医院，我都没让老师跟去，孩子伤都伤了，还麻烦那么多人干什么！老师打电话问孩子病情，李校长问需要不需要到家给孩子补课，我媳妇儿都说不用，老师还有一班孩子呢，等好了再说吧。再说有同学给带作业，我们也能给孩子说说，就不愿意麻烦老师。”

家长越说越激动，停顿了一会儿说：“孩子伤得重，我们整天看着，生怕骨头再错了位，只能老实待在家里。这孩子跟学校感情挺深的，老是念叨，家里门铃一响就说‘没准儿是我们李老师’，家里电话一响也是‘没准儿是我们李老师’，我们真不知道怎么安慰孩子。”

家长有些哽咽：“我们知道现在的老师都不容易，所以尽量不给学校添麻烦，也不好意思为自己孩子来求老师，怎么说？你到家来看看我孩子！你到家来给我孩子补课！我觉得说不出口。我知道有的家长不这样想，您肯定也经常遇到，所以您今天觉得我是来找您要赔偿来了，自己的孩子，花多少钱都应该。学校保安还拦着我，不让进！一个多月了，再怎么老师也该露个面吧？”

此时轮到我哽咽了。

原来，家长到学校来就是因为孩子想老师，希望满足孩子一个愿望……

“我们就是希望老师能到家里去看看孩子。”

多么朴实的家长！多么简单的诉求！我当即道歉：“因学校班子调整，很多工作自己还在了解，但这么大的事儿我还是应该知道的啊！您放心，我马上就帮孩子落实。”

老师真的来了

送走家长，我把德育干部和班主任找来，问明情况，立即部署。

当天下午放学以后，班主任李慧老师和年级主任、李校长一行三人就去了小桐家里。

事后我了解得知，小桐受伤当天李慧老师就陪着去了医院，后来又多次打电话了解孩子身体恢复状况。这段时间李老师正在筹备自己的婚礼，小桐家住得比较远，与学校中间还隔了一条铁路，交通很不方便。李老师教两个班的语文，还担任班主任，本来日常工作就非常繁忙，还赶上区里三年级教学质量抽测，压力可想而知。

李慧老师说："校长，真的不是我不去，好几回都被这事那事给耽搁了。"

我深深理解老师的苦衷。

那次家访过后，我们又安排了几次"送课到家"，由住校的年轻教师根据自己的专长，轮流去给小桐补课。没过多久，小桐又回到了校园。我在全体教师大会上分享了这个案例。

这件事促进了我们学校"学生意外伤害事故处理办法"的完善，这件事也一直温暖着我，教育着我。

我们的学校、我们的教育永远在路上……

事件反思

教育，让心灵走进心灵

虽然这件事发生在2013年，但是至今想起来，我依然感谢这位意外骨折学生的家长，正是有了他的诉求，才让我们的教师开始从心底里反思自己的教学行为、教育态度。也正是由于这位家长的诉求，才让我们的老师放下冷漠，真正走进学生、家长的心里，也促进了学校生命成长共同体的建设。

这一合理诉求，让我们感受到了诸多温暖，促使我们不断反思管理上的不足。如果在学生受伤后，我们的家访、辅导能及时跟进；如果我们能及时了解到班主任的苦衷，这一诉求就完全可以避免。我们应珍惜这份温暖，在日复一日的繁复劳动中，要不顾疲倦，释放真情，努力走进学生内心，走进家长内心。

教师是家校关系中的桥梁

家长和学校是学生教育的“两条腿”，必须协调运动才可以前行。而老师，就像是家校关系中的桥梁，合适、有效的沟通是家校协作育人的必要途径。

学生在学校期间，存在发生各种安全事故的可能，轻则受伤、重则身亡的案例在报端并不鲜见。当学生发生意外伤害时考验的是教师的危机应对能力。孩子是家庭甚至整个家族的希望，当孩子出现事故，其家长的心情可以理解，一时的冲动、过激言语和行为在所难免，学校应该持理解包容的态度，及时做好家长思想工作和安抚工作，不能让问题扩大化。

当安全事故发生后，学校解决的态度显得尤为重要。我们从各种新闻里不难看到这样的场景：学生受伤后，由于学校态度冷漠或者缺乏必要的同理心，让家长对学校的做法难以接受，导致家校矛盾升级，进一步深化。一些学校在学生伤害事故发生以后，因为处置措施不当，造成了负面影响，甚至加大了自己在事故中的法律责任。

教育部《学生伤害事故处理办法》第十六条规定：“发生学生伤害事故，情形严重的，学校应当及时向主管教育行政部门及有关部门报告；属于重大伤亡事故的，教育行政部门应当按照有关规定及时向同级人民政府和上一级教育行政部门报告。”根据该条规定，学校应当将本校发生的严重学生伤害事故及时向主管教育行政部门报告，以便教育行政部门及时掌握有关情况，对事故处理作出统筹安排，并协助学校做好善后工作。

在学生意外伤害事故当中，受伤学生和家长同样经受着身心痛苦。此时，如果学校能够加以慰问，对学生和家长来说都是极大的安慰。有的学校领导认为，如果学校的领导和老师去看望受伤的学生，等于是承认自己对于事故的发生有责任，容易让受伤学生和家长过分追究学校的责任。但学校作为教书育人的机构，本身就应当发扬人道主义精神，主动加以关怀。另外，事实也证明，如果学校的态度积极，学生和家长往往就会打消原本想追究学校责任的想法。反而是那些态度暧昧的学校，往往会让受伤学生和家长产生敌对的情绪。须知，即使受伤学生家长想追究学校的责任，依据的也是事实和法律，绝不会仅仅因为学校的不积极态度而去追究学校的法律责任。

学校在与学生家长的沟通过程中，应如实地向学生家长讲清事发时的真实情况。对于家长的一些过激反应及诉求，学校工作人员应予以理解、劝慰。但对于如何分担法律责任等原则性问题，学校应以有关法律法规为依据，有理有据地进行沟通。对于个别家长那种类似围堵学校、打骂教师等极端行为，学校应当请求当地公安等部门予以协助解决。

当安全事故发生之后，无论教师和学生都容易产生一定的心理障碍。尤其是事件的亲历人、目击者或者同班的师生，此时有针对性的心理安抚介入是必要的。针对事故发生班级、学校师生进行的心理安抚必须要由受过专业训练的人员进行，一些复杂的问题可能要由更专业的人来做。

家校沟通需要落实

在这一事件中，家长的需求警醒我的不仅是应提高教师的教育能力，更让我感觉到提升年轻教师综合素养的迫切性。只有每一位老师都能身体力行地践行以学生为中心的理念，我们的教育才能真正走进家长的心坎里。为此，我多次跟全体教师分享这个温暖的故事，以此鼓励和引导伙伴们，自觉释放人文关怀，处理好家校关系。

路遥知马力，日久见人心。学生发生安全事故难以预见，但是家校沟通却可以落到日常。家访无疑是做好家校沟通、增进家校理解的有效措施。随着信息技术的发展，QQ、微信、电话等一度成为老师与学生、家长之间的纽带，越来越多的老师习惯用手机、电脑在互联网上与学生、家长沟通，而传统的家校沟通方式——家访，越来越被边缘化。

俗话说“见面三分情”。即使关系再生疏，只要双方多接触几次，多沟通一些，多走近一点，就一定可以缩短彼此间的距离，使双方的关系得到改善。现代化通信技术给人们带来了便捷，但这种便捷的沟通方式不能降低传统家访应有的温度。通信工具的发达只能缩短家校的时空距离，却不能代替人与人之间面对面的情感交流。教师到学生家中去家访，会让学生和家长感到老师对他们的格外关心和爱护，进一步增强师生之间的情感。亲其师，才能信其道，进而才能得到家长的大力支持。

在很多人的传统观念中，教师家访是“无事不登三宝殿”，是“教师上门告状”，其实家访是一种重要的教育形式。在家访的过程中，老师深入到学生家庭，与家长面对面，可以深入了解学生、理解学生，为每个孩子找到更适合的教育路径。通过家访，教师也能够丰富教育实践，进一步认识和理解教师职业的责任与内涵。

今天，我们呼唤家校合作、家校共育，打造生命成长共同体，其实也是在呼唤教师与家长相互理解、形成合力；我们呼唤教师不能只做传授书本知识的教书匠，其实也是在呼唤教师成为塑造学生品格、品行、品位的“大先生”。

“一二三四”巧沟通

要处理家校关系，必要的技巧不可少。

要做好家校的沟通，我们鼓励教师实地走访、深入家庭，通过家访，与家长、学生面对面宣传教育政策及学校理念，面对面反馈、了解学生在校在家情况，面对面宣传家庭教育新思想、指导育人新策略，面对面倾听家长及学生的心声及对学校、班级的意见与建议。进一步融洽家校、师生、老师与家长、家长与子女间的关系，形成教育合力，促进学生健康成长。在家访过程中，我们致力于做到：

一份家访计划——教师根据实际情况制订切实可行的家访计划，将学生个人及家庭信息详细化，班级任课教师家访对象具体化，家访时间明确化，家访内容清晰化。

两个沟通提前——提前与家长沟通好家访内容，提前做好家访预约和学生信息调查。

三个必须了解——了解学生的家庭状况和成长环境；了解学生在家表现；了解家庭教育的现状和需求。

四个必须走访——对于下列学生及家庭必须做到实地走访，即贫困生、学困生必访；思想及学业有重大变化的学生或问题学生必访；特殊儿童、残疾孩子家庭必访；对学校或班级管理不清晰的家庭必访。

在家访结束后，教师应有意识地进行家访记录，例如记录家访情况，梳理家长提出的问题与需求，罗列后期的改进措施等，让家访有始有终，也以此引导教师能真正通过家访为家长解决问题，赢得家长的信赖与支持。

德国著名哲学家雅思·贝尔斯曾说过："教育的本质意味着：一棵树摇动一棵树，一朵云推动一朵云，一个灵魂唤醒一个灵魂。"那么，就让我们做一棵愿意陪伴孩子成长的大树，做一朵给他们带去希望的云彩，合力去唤醒他们的爱和灵魂吧！

毕业前夕

题记

活动有方，五脏自和。

——范仲淹

事件回放

一跃起身，隔空投篮……对很多男生来说，这可是最酷的瞬间。篮球在垂杨柳中心小学是一项非常令人骄傲的运动，学校不仅被评为篮球传统校，女篮还是市、区校队中的一支劲旅，男篮也是学区的冠军队。

因此，篮球成为很多垂杨柳中心小学孩子的启蒙运动，是他们校园生活的重要组成部分，甚至成为他们的最爱。每天早晚，学校篮球队在篮球场的训练也成了一道独特的风景。看着男孩儿、女孩儿们在操场上挥洒汗水，你不能不感叹，他们的青春活力，让校园充满勃勃生机。

然而，篮球作为一项对抗性较强的运动，也存在一定的安全隐患。所以，每次训练之前，体育老师都会指导学生做好热身、加强防护。即便这样，意外也在所难免……

训练受伤

2018 年 6 月 4 日，夏日清晨，凉爽宜人，正是篮球队室外训练的最好时机。像往常一样，在教学楼前的第二篮球场，男篮的队员们又用汗水开启了新的一天。

学校篮球队里的几名六年级学生，虽然面临毕业考试，依然每天坚持训练，语、数、英学科老师们见了都吃醋说：“瞧，这就是篮球的魅力！”

在教练的安排下，篮球队的同学们进行半场一人进攻另一人防守练习。学生们根据身高两两分组，唐聪和杨晨自行结合为一组。这两名同学在生活、学习中是好朋友，在训练中的配合更是十分默契。

然而，意外总是在人们不经意间来临。而且，学校中的“意外伤害”发生在好朋友之间的概率很大，有时处理不好可能给孩子带来终生的遗憾。

7 点 30 分左右，在唐聪进攻、杨晨防守的过程中，唐聪不慎摔倒，就在他倒地的一瞬，只听“啊”的一声大叫，大家赶紧都停了下来。突发情况！体育教师大强和其他队员立刻都围了过来，询问情况。

在大强老师和同学们面前，唐聪嘴上说着“没事、没事”，可眼看着左侧小臂肿起，疼痛难忍，大家赶紧把他搀扶到走廊处休息。

由于学校已经有了“校园伤害预案”，所以大家并未因此显得忙乱。当即，大强老师联系学校卫生老师、向校区主管校长报告此事、通知班主任马上联系家长，一连串的处置虽紧张但有条不紊。

卫生老师得知情况，第一时间赶到现场，把一本 A4 纸大小的书垫在唐聪受伤的胳膊下，避免发生“二次伤害”。主管校长立即安排校车，协调班主任和体育老师陪同唐聪赶往首都儿研所救治。在车上，班主任电话告诉家长已经带孩子从学校出发，请她不要着急，直接赶往医院会合。

直到下午 2 点左右，两位教师才回到学校，向主管校长汇报情况：唐聪左手手臂骨折，需要住院手术，两位教师已经和家长一起安排好了住院等相关手续，大强老师垫付了部分费用。临回学校前，两位老师也一再嘱咐家长要随时和学校沟通。让大家感到欣慰的是，家长情绪稳定，沟通顺畅。

当天晚上 8 点，德育主任连同放心不下孩子的大强、班主任三人一起前往儿研所看望做完手术的唐聪，德育主任代表学校给孩子买了营养品，班主任还细心地代表班里同学买了一袋食品。

晚上 8 点 40 分左右，一行人到达医院，看望并鼓励孩子一番之后，向家长询问了孩子手术的情况。见家长通情达理，德育主任就与家长往下进行了一些具体的沟通：

第一，安抚家长和孩子，临近六年级毕业考试，学校会在孩子身体条件允许下派老师为孩子进行补课，如需要住院休养，学校会根据学生身体情况安排学生进行单独毕业考试。

第二，学校体育俱乐部为篮球社团的学生上了意外保险，唐聪有意外保险，学校已通知相关负责老师询问这项保险赔偿事宜。

第三，有关校方责任险，正在积极准备启动，学校会本着实事求是的原则，在保险理赔中尽可能和家长合力去争取利益最大化。

第四，家长和学生在积极配合医生治疗的阶段，有什么困难和需要学校帮助的，一定及时跟班主任或者德育主任沟通。

当天晚上，家长只提出了一点诉求：要看监控，了解事情发生的经过。

晚上 9 点 10 分左右，三位教师离开病房后又返回到学校，向等在学校的主管校长汇报看望学生及沟通的情况。

从早上 7 点 30 分事发，到晚上 10 点多大家离开学校，整整 15 个小时，这一跤摔疼了学生，也摔苦了家长和老师们。经历过这些事件就能理解，为什么很多学校会“因噎废食”，限制学生的在校活动。

事故调查

6 月 5 日，各方面对学生伤情的持续关心、关注暂且不表。晚上 7 点多，唐聪同学的家长给班主任发来微信，再次表达要了解孩子发生意外伤害的经过，并希望跟当时在场的体育老师大强直接沟通。

尽管已经很晚了，学校还是联系体育老师大强，指导他及时回复家长，在就事实经过详细沟通的同时，注意家长安抚工作。当日学校所有与家长有联系的干部和老师，都安慰家长：首要的是孩子的伤情和治疗，关于事情的发生，您如果有疑义，学校可以申请调取监控记录，等您方便的时候来学校实地了解。唐聪的受伤牵动着学校领导和老师的心，调查清楚孩子受伤的过程也是学校的职责所在。

早在事情发生当日，学校安全和信息部门老师已经联络调取各角度监控，做好调取和保留原始信息工作。6月6日一早，学校召集体育组主管和几位有经验的负责篮球、手球项目的老师，查看发生意外时的监控录像，现场集体研判事故发生原因，大家一致认为：学生为两人一组的训练对抗练习，攻守双方均没有发生恶意碰撞，或主观故意伤害等情形，实属正常训练过程中学生意外摔倒，并导致受伤。大家也探讨分析了后续处理解决的办法。

在学校通过监控分析研判的同时，德育主任、班主任分别访问了13位男篮社团的孩子，倾听他们对6月4日早上训练情况的反馈，其中10位学生均表示唐聪与杨晨是在正常训练，没有从任何角度看到有推、踩、撞等故意伤害的情形，唐聪确实是意外摔倒。其他三名同学，因为进行其他训练任务，对当时发生事故的情况并不知情。

此外，班主任还单独为杨晨进行心理疏导。自唐聪发生意外以来，杨晨一直很自责，情绪也比较低落。必要的疏导之后，老师又联系杨晨家长，告知发生的事情，让家长一起帮助杨晨疏导、减压。肯定他牵挂同学的心情，帮他寻找一种恰当的表达方式。

有时候，作为事故的另一方家长，往往出于自保，关注的是事件本身，而忽略孩子的感受，有时会误导孩子，学会推卸责任。让本来牵挂同学的爱心变得冷漠起来。

准确研判

事情到此，外行人可能觉得事情解决起来不会有什么难度了。但是凭经验，我们知道，事情远没有那么简单，何况孩子马上面临毕业，这时，任何环节都不可掉以轻心。

所有忙前忙后的干部、教师还不能确定，“在家长眼中，我们所做的到底是尽职尽责的主动表现，还是心怀愧疚的自我救赎?”

家长对于班主任和体育老师就事发当时情况的反复询问，反映出家长还是将信将疑，不愿轻易作出判断；

家长明知学校有完备的监控设备，却迟迟没有要求学校调取，说明还没有想好调取之后该如何与学校往下交涉；

对班主任转达的对方家长想和孩子一起去医院看望同学这一点，家长一直婉拒，说明还不想轻易接受或“原谅”对方；

对老师反复提示的学生意外伤害保险和校方责任险，在治疗期间的注意事项，家长仿佛也没有太多回应；

……

种种迹象表明，等待我们的到底是风雨还是彩虹，尚不能确定。

6 月 7 日，事情发生已经第三天了，德育主任再次与唐聪妈妈通电话，向家长询问、了解学生治疗以及恢复的情况。征得家长同意，利用中午休息的时间，主管校长到医院探望孩子，陪同校长一起来探望孩子的还有体育组的大勇老师。

大勇老师是学校的女篮教练，唐聪的姐姐就是在他的培养下，成为学校的主力队员，并凭借篮球特长被心仪的中学录取的。家长见到大勇老师，回忆起过往，对自己两个孩子先后在学校接受教育、锻炼成长欣慰不已，交流的态度果然不同一般，一再感谢校长和老师来看望孩子，给孩子恢复身体和面临的毕业升学加油、打气。

在整个过程中，我们明显感觉到，家长处理突发事情的态度，与对学校教育工作以及教师本身的满意度密切相关。

在主管校长、大勇老师与家长交流的过程中，家长主动了解起后续的保险赔偿问题，这表明家长已经基本认定，通过校方责任险解决孩子的这次意外伤害事件。主管校长让家长放心，即使孩子毕业离开学校以后，学校德育主任和卫生老师也会全程陪同家长处理后续相关事项。

回校后，主管校长对后续工作再次作出部署：

第一，班主任随时关注学生病情，安排好对其身体恢复阶段的学习指导。

第二，德育主任继续与家长密切沟通，对家长提出的合理诉求，积极回应、尽力满足，超出合理范围的，耐心倾听、合理解释。

第三，卫生老师做好一事一案的资料整理，并指导家长提供所有凭证，及时报出险、理赔。

第四，学校法务部门及时跟进研判，做好可能涉及的法律层面工作准备。

毕业考试

6 月 9 日，好消息传来，经过 6 天的治疗，唐聪终于可以出院了，大家悬着的心也可以稍微放下。因为家长希望孩子6 月 12 日正常参加六年级的毕业考试，尽管老师们组织全班复习考试已经十分忙碌，但还是结合唐聪的身体情况，制订了个别辅导计划，学校也在考场安排时，制订了相应的应急方案。

6 月 12 日，小学毕业考试如期而至。当天，德育主任特意早早在校门口迎候同学们，其实更主要的用意，是想第一时间见到唐聪和送他的妈妈，既让家长安心，又可以创造一个与家长沟通的机会，进一步巩固之前的工作成果。

果然，家长还真有事情要见学校领导。根据唐聪的伤情和已经做完的司法鉴定，家长希望学校帮忙出示该生意外伤害保险单和校方责任险保单，想自己再亲自咨询一下这两方面的保险理赔问题。德育主任表示理解，立即联系卫生老师帮忙落实。

两天的毕业考试顺利完成了。之后，唐聪全程参与了学校组织的所有毕业活动，和同学们一样，为小学生活画上了一个圆满的句号。

妥善理赔

通过亲自咨询，家长得知校方责任险确实如老师指导的那样：

只对学校不对个人，而且一事一赔，从孩子发生意外事故那天起，到孩子二次手术、康复训练等治疗全部结束后，进行赔付。如果坚持现在启动赔付，保险一旦结案，后期的手术费、康复等其他诉求一般不再二次定案赔偿。

另外，家长通过亲自咨询，还证实了以下情况：

尽管学校和老师在管理履职中都没有主观责任，但只要发生在学校，校方责任险就会给予赔付。如果家长有超出保险条款的诉求可以提起诉讼取得司法调解认定。

相比意外伤害保险，校方责任险赔付的款项会更多，除了报销医药费以外，还包括交通费、营养费、误工费等报销项目。而且校方责任险并不是鼓励家长和学校打官司，家长确需提起诉讼的，只要按照条款理赔，不必考虑律师费等额外的经济支出，学校常年聘请法律顾问，会为家长提供必要的法律援助。

再有，不可以同时提起两项保险理赔，保险公司会将分割单等相关材料移交另一项保险险种，另一项保险险种会对分割单里面的款项进行核查，再确定哪些能够继续给予赔偿。

需要说明的是，在家长要求亲自找保险部门咨询政策时，学校积极联系校方责任险方面的保险专员与家长见面，并拜托对方耐心解答家长的疑问，一定要指导和商谈到位。学校的坦诚，最终得到家长和保险公司两方面的认可。

6 月 20 日，学校将唐聪的家长和校方责任险方面的负责人、保险公司的理赔专员请到学校，就赔偿事宜进行沟通，达成一致意见，待唐聪完成复查、矫正、取钢钉等所有治疗后，再到保险公司办理赔偿。

至此，一场篮球训练中的意外事件终于得到圆满的解决。我详细记录下整个意外事件发生、处理的全过程，向让问题得到圆满解决的干部教师致以最诚挚的敬意。大家的通力合作、关爱、敏锐、效率，为校园意外伤害事件的处理提供了一次“教科书式的范例”。我们能够赢得家长的信任与支持，使得事件得以圆满解决，给广大教师履职尽责带来了极大的鼓励和信心。

事件反思

别让运动风险成为学生体质健康的“拦路虎”

“阳光体育运动”开展以来，每天一小时体育锻炼在广大中小学得到落实。但随着体育活动时间的增加，学生意外伤害事故日益凸显，已成为校园落实每天一小时体育锻炼的现实瓶颈和最大障碍，也成为校长们的一大“心病”。

有媒体报道，当前全国各类校园伤害事故的发生率达 5.5%，近一半校园伤害发生在学生课外活动期间，上体育课和开运动会时约占 25%。

为了安全起见，不少学校相应减少了学生运动中的不安全项目，例如器械和足球，等等。在这些运动中经常会发生扭伤、挫伤、拉伤、碰伤等运动损伤，偶尔也会发生一些重大的安全事故。轻者影响学生学业，重者可能使学生致残，甚至危及生命，由于各种主客观因素造成的伤害事故，给学校、学生、家庭带来不应有的损失，为学校体育教育敲响了警钟。也由此让一些学校因噎废食，取消了学生的体育运动。

运动的益处不言而喻，那么学校如何预防运动伤害的发生？当运动伤害发生后，学校又该怎么做呢？

让体育锻炼落到实处

2016 年 9 月 9 日，习近平总书记来到北京八一学校，学校操场上，小足球队员正训练带球过人，吸引了总书记的目光。“50 多年前我就在这个地方踢过球。那时候还是土场子。我们的球队在北京市比赛中拿过冠军，在全国比赛得了第四名。”少年时播撒的体育种子影响一生，总书记用亲身感受给孩子们上了一课，“看我现在身体这么好，都是小时候体育运动打下的基础。”习总书记勉励孩子们，要把足球爱好保持和发展下去，在足球运动中感受集体力量、体验运动乐趣、强健身体素质，希望通过发展校园足球运动成长一批优秀足球运动员。

习近平总书记对学生体质健康、学生体育运动也十分重视。他在全国教育大会上指出，要树立健康第一的教育理念，开齐开足体育课，帮助学生在体育锻炼中享受乐趣、增强体质、健全人格、锤炼意志。

青少年身心健康状态，关乎着国家和民族的未来。然而近年来，我国学生体质健康水平呈现下降趋势。有统计表明，自2000年开始，我国青少年身体形态生长水平呈现持续增长趋势；中小学视力不良检测率呈低龄化趋势；大学生体育素质持续下降。这些状况无一不是在警示我们，增强学生体质迫在眉睫。

小学生参与体育锻炼，可以增强体质，锻炼意志品质，提高智力水平。提升学生体质，需要学校、社会齐动员。作为学校，要在开齐开足体育课之外，严格落实《学校体育工作条例》《国务院办公厅关于强化学校体育 促进学生身心健康全面发展的意见》等规章和文件，“要确保学生每天一小时校园体育锻炼”。学校领导和教师要充分认识增强学生体质健康的深远意义，要以对国家、对民族、对社会、对家庭、对青少年学生高度负责的态度，增强责任感和使命感，将此项工作抓实抓牢，形成良好的校园体育锻炼氛围。

齐心编织“安全网”

近些年来，校园安全让校长们“因噎废食”，不少学校的“体育课”沦为了散步课，学生喜爱的户外运动基本也不开展。之所以出现这样的局面，是因为校长是校园安全的第一责任人，同时，校园安全又是“一票否决”，这让许多校长有所顾忌，在开展体育活动时越发谨慎。现实中，“宁让学生坐死，不让学生跑死”成了许多校长奉行的体育活动的“准则”。

面对运动伤害，学校和家长都应该提高认识。据美国的一项调查显示，美国青少年和儿童在参加体育活动时的受伤事件高达大约每天8000起，每年有超过350万人次美国14岁以下的青少年和儿童在参加体育活动时受伤，占青少年和儿童的比例达到10%。实际上，几乎每个热爱运动的孩子都有过受伤经历。孩子们在参加体育活动时的小伤小碰，有助于他们更好地去预防运动伤害。有关专家指出，越是不运动、少运动的孩子，越是容易在运动中受伤。

如果学生发生重大运动安全事故，势必令人痛心、深思。先不言及谁是谁非，无论法院如何调解及作出何种判决，都于事无补，给伤者留下的是永远的痛，对教育部门的教育带来的负面影响和冲击是无法用金钱和时间可以解决的。因此，开展学生体育运动，必须要念好“安全经”，从学校管理到课堂规范、从学校干部到体育教师，从学生教育到后勤服务，为学生编织一道“安全网”。

在学校管理上，要将运动安全做细做实，例如现在一些学校为了让校园上档次，处处加以硬化，学校的器材设施如单双杠下面不是沙坑或软垫，而是铺上了地砖一类的材料，这就给校园埋下了许多安全隐患，应该迅速加以整改；又如在新生入学时以及学校体检中，对检查出有心脏病、血液病、哮喘等不适宜参加剧烈运动的学生，建立档案，并在教学过程中予以特别关注；还有在学生发生运动意外伤害前，应建立完善的应急预案等，这些都对学校管理提出了新的挑战；此外如当学生发生运动意外伤害后，学校的校医如何与教师相互配合，及时给予其一定的安抚、治疗，等等。

多年以前，我校曾出现过一次因体育课教学不规范引起学生意外受伤的情况。在体育课上，年轻的体育老师在教授学生“后退跑”时，没有采取正确的教学方法，再加上部分学生本身身体不协调，导致学生意外摔倒受伤。因此，学校要加强教师的专业能力建设，要引导广大教师尤其是体育教师，高度重视学生的安全教育，培养教师的责任心。

体育教师要有强烈的事业心，对工作要有高度的责任感，要热爱学生。课前必须检查场地是否平坦、有无障碍，体育设施是否有不安全因素存在等，这都是体育教师责任心的具体体现。教师水平不高，教学能力不强、教学教法不当，讲解要领不清、动作不规范，等等，也是导致事故发生的重要因素。体育教师若不经常提高自己的专业水平、不断地充实自己，随着年龄的增长，教学能力就会呈下降趋势，在教学方法上就不会有创新，做示范就不够规范，有些动作甚至无法做示范。体育教师要虚心学习，把先进的教学方法运用到教学中，做到多学多练，不断提高自己的业务水平。当学生发生运动意外伤害时，学校要勇于承担起应负的责任，保护教师的合理、合法权益，给予教师必要的安全事故处理办法指导。

运动中哪些部位“最受伤”，如何做足准备工作将伤害概率减到最低，万一碰到运动伤害为何不应慌张，又该如何处理？对学生来说，掌握一定的运动安全知识，不仅可以帮助其更好地参与体育运动，也能降低意外事故发生的概率。上海市一项针对1700余名中学生做的调查显示，36%的学生认为加强自我保护意识是避免体育运动伤害的主要方式，73.6%的学生认为遵守体育教学规范可以避免运动伤害。因此，学校可采取与专业机构合作等形式，在校园内开展学生运动安全教育，通过安全运动读本、班会、主题教育等途径，在学生中开展安全教育，让每名学生心中都有一根安全绳。

随着人工智能时代的来临，我们还要充分运用现代信息技术，建立健全体育教育信息化可持续发展机制，关注学生运动安全，建立学生运动健康档案，了解学生体质情况，更好地帮助孩子进行体育锻炼，以信息化为学生的健康运动护航。

此外，还要加强学校的法治建设，通过家长学校、家长会等途径，向家长普及校园安全，引导家长合理合法地维护自身的权益。同时，学校或教育部门在用法律维护自身权益的同时，一定要厘清自己的责任。如果是无过错就不应当承担责任，学校应当理直气壮地拿起法律的武器维护合法权益。各地应推广“校方责任险”，在意外出现、校方无责的情况下为达成家长诉求提供解决方案。

愿家庭、学校、政府都能更加关注学生的身体健康，为学生的运动编就“安全网”，让我们的孩子能在阳光下运动，在运动中成长。

无法当空军

题记

每个人都不是一座孤岛，一个人必须是这世界上最坚固的岛屿，然后才能成为大陆的一部分。

——海明威

事件回放

2019 年 5 月，一件持续了近两年的学生意外伤害事故总算画上了句号。当家长以受伤为由，不断地提出不合理的诉求，最终让意外伤害事故解决方案一次次“流产”，导致意外伤害事故持续了近两年才得以解决。在这一漫长的过程中，受伤的难道仅仅是学生吗？

展板伤人

2017 年 10 月 18 日，中国共产党第十九次全国代表大会在北京人民大会堂隆重开幕。全党、全国上下喜迎党的十九大，学校也利用班会、课堂等途径开展了丰富多彩的庆祝活动。然而，就在党的十九大开幕式当天，学校发生了一件学生意外伤害事件。

像往常一样，临近放学，校门口已有不少家长在等待接孩子放学了。放学铃声响起，一天的学习结束了，学生们三三两两地由教室走到走廊集合，然后由班主任带队护送出校园，由家长接回家。

李越和苏浩两个男孩显得有些兴奋，跳跳蹦蹦地从教室走出来，他们都是学校合唱团的团员，在班级中也是一对快乐的小伙伴。两人你追我闪、滚成一团，恰好倒在楼道里临时设置的展板旁边，展板较为锋利的边缘划伤了李越的胳膊。

李越的胳膊鲜血直流，他的瞬间受伤把现场其他同学都吓坏了，纷纷寻找老师。闻讯赶来的班主任立即依据《学校学生意外伤害故事管理办法》，第一时间联系校医及主管领导，并将受伤的孩子送往医院进行治疗。

必须住院

李越的伤口较长，但好在是皮外伤，医生进行了治疗，表示“好好静养，无大碍”。学校在得知孩子受伤后已当即将情况通知了家长，孩子的父亲和奶奶赶到了医院，听了医生的话，一颗悬着的心终于落下来。此时，孩子的母亲在外地出差，在电话里得知这一情况后，情绪十分激动，要求“大家待在医院，不准回家”。

当天晚上，李越的母亲就第一时间订机票赶回了北京，并邀请了三位在法律部门工作的朋友在夜里 3 点赶到了医院。鉴于孩子母亲的情绪，学校主管校长、主任以及双方家长都在医院等候。

李越的母亲到达医院之后，情绪依然十分激动，要求“必须住院”。而此时孩子说“已经不疼了”，医院给出的建议也是“不需要住院”。

学校及苏浩的家长都把精力放在了安抚李越母亲上，为了平复其情绪，同意帮忙跟医院沟通，让李越住院，并进行进一步检查、观察和治疗。就这样，李越“被办理”了住院手续，医务人员也是无可奈何。学校又在李越母亲心情稍微平复之后，指导其如何申请校方责任险，目前除了关心孩子，不要有任何后顾之忧。

除了住院，家长提出的另一个诉求是“孩子的功课不能落下”。对此，学校表态只要孩子身体没问题，学习上的需要应该提供帮助，可以每天安排一名教师到医院为李越补课。

延伸诉求

因为只是皮外伤，李越的治疗难度并不大，治疗费用加上在医院多待了几天也不过 5000 多元。苏浩的家长起初表示，在走完校方责任险后，愿意给李越家长一些补偿。

按理说，李越和苏浩两家的家长平时关系处得不错，事情发生以来学校的全部处置工作也没什么可挑剔的地方，可是李越母亲的一切动静都显得有点“大”。从接到孩子受伤的信息，李越母亲就用过激情绪铺垫着其他诉求。

李越的父母，一位博士、一位硕士，对孩子的期望值较高。

“我们全家都希望李越将来能当空军，现在孩子有了皮外伤，肯定会留下伤疤，万一当不了空军，现在孩子就必须得更加优秀了。所以，学校必须给我们承诺，小升初的时候要保障孩子能上朝阳区最好的中学。”

可按照目前北京市的义务教育入学政策，实行免试就近划片入学，李越家长这样的诉求自然无法满足。

对方反转

李越受伤期间，苏浩的父母作为意外伤害事故中的另一方，一直积极配合，与学校及对方家长进行沟通，希望能在保障孩子身心健康的基础上，让事故得到圆满的解决。

可后来，李越家长的诉求以及当时非要坚持住院的做法，让苏浩的父母嘴上不说，但心里有些反感，非要研究研究当天的监控录像。看了录像后，苏浩父母发现，在事故发生时，李越是压在苏浩身上，并从苏浩身上滚下来的，因此认为是“李越自己把自己划伤了”。

研究完监控录像后，苏浩父母的态度彻底发生了转变，原本认为过错在自家小孩，才主动作出赔偿医疗费、住院费的承诺，现在，事故的主要责任在李越自身，“对不起，再也不搭理您了”。

带“伤”上学

经过各种沟通无果，李越家长最终总算让孩子回归校园生活了。但我们都发现，这个就读三年级的孩子，少了一些天真活泼。李越像往常一样上学、放学，但是手臂的受伤处却始终贴着一块纱布。家长嘱咐孩子：

“因为赔偿还没谈好，谁都不让看。”

李越家长对于学校从问题发生到处理的全过程，始终没有任何不满意之处，但纠缠于对孩子的培养，得不到学校让孩子上最好中学的承诺，就在评选“三好学生”问题上要求照顾，而且盯着苏浩“弄伤同学”，要求“苏浩不能评选三好生”。

时间慢慢过去，孩子也从受伤时的三年级，升学到了五年级，然而，事情始终没有得到圆满解决。

在督学调解、人民调解员调解都无效的情况下，李越家长对于学校和对方家长的诉讼始终也没有启动。

事情久悬未决，除了学校领导无法计算的时间和精力的浪费，其实，最受煎熬的还是李越家长自己。我们能理解家长提出诉求，却理解不了家长无休止的诉求，当一个诉求得不到满足时，就会想方设法提出另一个诉求。

事情终于在2019年5月有了转机。学校的耐心还是换得了李越家长的配合，同意通过保险渠道解决问题。在我们的协调下，李越家长也接受了苏浩家长的“好意”。

一方家长放下、一方家长包容，学校摆脱了困扰，但是一个回避不了的现象却令人痛心，不知家长是否了解？李越家长没完没了的纠缠，苏浩家长的焦虑和无奈，肯定影响到孩子的心理。据老师们反映，两个孩子再也没有像以前那么亲热过，其他孩子与李越交往时也多有戒心。

无疑，这场意外伤害事故及其引发的赔偿风波，伤害的不仅仅是孩子的身体，更是孩子的心理。

事件反思

让安全常驻，与生命同行

根据《2018年全国中小学安全形势分析报告》披露，我国中小学生伤害事故的比例约为5.5%。校园安全无小事，学生的生命安全更是学校和家庭的底线。但面对家长的不合理诉求，甚至是“校闹”时，学校往往显得束手无策。

我们不愿意看到家校对峙、哭天抢地的“校闹”场景，对一个注定不会有“赢家”的校闹事件来说，恐怕再没有比这更糟糕的了。在学校管理中，我们倡导“让安全常驻校园”，也呼吁家长要引导孩子“与生命同行”。

发生事故“校闹”要不得

未成年学生还比较懵懂、幼稚，在生活中也不懂得保护自己，在校园学习生活中难免会主动或被动受伤，甚至会出现伤及学生生命的重大安全事故。

据新闻媒体报道，安徽省宿州市一名中学生在上体育课时突然躺在地上，失去了意识。体育老师迅速拨打120急救电话，并为其进行心脏复苏，一边让学生通知班主任和学校领导。不幸的是，经医院抢救后仍无法挽回其生命。这个变故让师生们非常惊愕，学生家长更是悲痛万分。面对意外事故，这位家长选择了围堵学校大门，甚至摆上花圈、拉上横幅，以表达自己的情绪和诉求。

校内设灵堂、门口摆花圈、围堵校门、恐吓师生……这些“校闹”行为，我们经常可以从新闻中看到。

对于一个家庭来说，对于那些倾其一生都在为子女的成长与成才进行“投资”的家长来说，孩子的任何意外都会让他们的世界瞬间崩塌、生活支离破碎。虽然我们可能永远无法想象，丧子之痛到底有多痛；也永远无法面对一个最亲最近的人突然不说不笑不吃也不动，从此与我们阴阳两隔。但是当学生发生意外伤害时，作为教育者，我们和家长一样，也着急、也心痛、也希望事故没有发生。

当学生发生意外伤害事故后，家长的激动情绪可以理解，但是个别人把“闹”当作了与学校讨价还价、获取更大利益的手段。只要孩子出了事情，不分青红皂白就将责任全部推到学校和老师身上，不管“三七二十一”，先“闹起来”再说。他们信奉“小闹小解决，大闹大解决，不闹不解决”，在“闹”的过程中，为了取得好的“效果”，无所不用其极，甚至不惜超越法律的底线，根本不顾及学校正常的教学秩序和其他学生的利益。

在“校闹”的威逼下，有的学校取消了春游，有的叫停了长跑，有的连课间休息都不允许学生走出教室……这些“奇葩规定”“雷人纪律”，深究起来，其实大多有不得已的苦衷、难与人说的缘由。

2019年8月，教育部、最高人民法院、最高人民检察院、公安部、司法部联合印发《关于完善安全事故处理机制 维护学校教育教学秩序的意见》（教政法〔2019〕11号，以下简称《意见》）要求，一旦发生“校闹”行为，公安机关及时出警，依法制止；对于实施“校闹”行为，扰乱社会秩序、造成他人人身伤害或财产损失的，要按照治安管理处罚法的规定予以处罚；构成犯罪的，要按照刑法相关规定予以惩处。

遇到纠纷，该怎么赔，赔多少？《意见》明确指出，原则上，公办中小学、幼儿园人身伤害事故纠纷涉及赔偿金额请求较大的，应当积极引导当事人通过人民调解等方式解决。各地可以根据实际，规定公办中小学校、幼儿园协商赔偿的限额。

《意见》强调，要以保险机制为核心建立多元化的损害赔偿机制，要求学校不得推诿塞责，积极通过协商、调解、诉讼等方式化解纠纷，学校确有责任的，要依法、及时进行伤害赔偿，实现“不闹也赔”。

让安全意识深植学生心中

由于未成年学生彼此间的追逐、玩耍、打闹、玩笑等行为，而造成的学生身体受伤的情况，在中小学校中是比较常见、多发的。任何一位学生发生意外伤害，都是我们不想看到的。其实，大多数校园里的意外伤害都是能预防的。很多时候，这些伤害的发生，是与家长管理不当、监护缺失，学校教育管理疏忽、学生自我保护意识不足密切相关的。

作为学生家长，应该以科学的方式与孩子进行沟通，了解孩子的动向，帮孩子一起面对、解决问题。在这之中，具备一定的心理学知识也是十分重要的。家长在培养孩子自我保护意识的同时，也应树立其正确的价值观，教会其互助友爱。

对于学校来说，不仅要将安全教育、思想品德教育及法治教育摆在重要位置，还应加强校园的安全管理。

在学生意外赔偿方面，前述教育部等五部门联合出台的《意见》中明确指出：学校或者学校举办者应按规定投保校方责任险，有条件的可以购买校方无过失责任险和食品安全、校外实习、体育运动伤害等领域的责任保险。要通过财政补贴、家长分担等多种渠道筹措经费，推动设立学校安全综合险，加大保障力度。要增强师生和家长的保险意识，引导家长为学生购买人身保险，有条件的地方可以予以补贴。学校可以引导、利用社会捐赠资金等设置安全风险基金或者学生救助基金，健全救助机制。鼓励有条件的地方建立学校安全赔偿准备基金，或者开展互助计划，健全学校安全事故赔偿机制。

学校既是培养人才的摇篮，也是社会组成的一部分。校园生活是学生进入社会开始独立人生的“第一站”，它直接关系到学生能否安全、健康地成长，关系到千千万万个家庭的幸福安宁和社会稳定。学校有责任、有义务将安全教育纳入到学生的教育中，让安全意识常驻学生心中。

生命高于一切，责任重于泰山。保证学生在校安全，是我们每一位教师不可推卸的职责，教育学生珍爱生命、树立安全意识、学会自我保护，为学生的一生负责，是我们教育的使命，是我们共同的追求。

学校胜诉

题记

法生于义，义生于众适，众适合于人心，此治之要也。

——刘安

事件回放

“管好自己的人，看好自己的门。”

这是我当校长第一天，一位老领导嘱咐我的话。我一直认为，这是当校长最起码的责任，也是当校长最基本的标准。

20 年来，社会发展、教育变革，今非昔比。一路走来，在自己任职的学校，我遇到的棘手问题也真是不少，但没有一件让上级跟着操心，闹成鸡飞狗跳的。

可没想到，“一根簸箕杆”打破了“纪录”，把我和同事们逼得无计可施。

脖子受伤了

2017 年 3 月 7 日，早春的阳光照耀着教学楼，暖暖的。二年级的某个教室里，学生们有的在收拾书本，有的在小声聊天，还有的在安静地看书……突然一声尖叫打破了安静——不好了，小芮的脖子受伤了。

原来，随着午休的结束，下午的学习即将开始。小美同学正在教室里面打扫卫生，手里拿着簸箕，簸箕杆上的塑料帽掉了。当时，急急忙忙跑进教室的小芮和小美撞了个正着，裸露的簸箕杆刚好戳到小芮的脖子上，小芮受伤了。

这是学校出现的一起意外伤害事件。这几年，学校在处理意外伤害事件方面也积累了相当的经验，总结和制订了详尽的应急工作预案。

因此，在事件发生的第一时间，班主任研判伤情、上报学校、联系家长，并亲自带着孩子去医院就诊。当时，这位班主任已有两个多月的身孕，可她已顾不得自己的身体状况，第一时间按照学校处置流程前往医院，以孩子伤情救治为第一要务。前后脚赶到医院的小芮妈妈、爸爸当时也是十分感谢。

事件发生之后，班主任也紧急联系了小美的家长。虽然是无意间碰伤小芮，但小美的家长态度十分诚恳，当即掏出 1000 元交到班主任手上，主动承担了小芮的医药费。

第二天，学校对“事件发生及经过”又再次进行调查核实，老师和孩子们对事实叙述一致，事实过程清楚。当天，学校后勤部门亡羊补牢，立即对发生事故班级的破损簸箕杆进行了更换，并对所有班级、办公室的簸箕、簸箕杆以及相关教学教具、办公用品、日常用品等进行全面检查，排除安全隐患。

同时，校区领导召开专门会议研究对此次突发事件的处理，会议一致认为：这次意外事情的发生，说明学校是存在着安全隐患的，我们不仅要追究班主任、年级主任、安全主管、校区主管等相关责任人责任，更重要的是要进一步加强班级安全管理；需要通过强化班主任培训，再次强调增强安全责任意识，落实风险排查，加强班级安全管理，特别是对学生进行安全第一的教育，引导和督促学生加强自我保护。

3 月 8 日放学后，年级主任、班主任携带慰问品前往家访，探望受伤的小芮。探访中，班主任安慰家长，让学生安心在家休养，康复后老师负责补课，学校会持续关注小芮的病情；同时，告知小芮妈妈，学校认为造成伤害的原因是“簸箕杆存在的安全隐患”，让家长放心进行后边的治疗，留好相关票据，有什么需要随时提出。后来学校也把小美家长垫付的 1000 元医药费返还了，毕竟小美是无辜的。

一般情况下，我们本着救治伤者、调查真相、分清责任的原则，类似的意外事故基本都可以在班主任层面得到妥善解决。绝大多数家长都不会在这种事情上有过多的苛责，因为大家都知道，那么多活蹦乱跳的孩子聚在一起，意外在所难免。

如果问当天与以往处理事件有什么异样？年级主任和班主任事后回忆：那次及时家访，最放心不下的是孩子伤情，但反复询问，家长都以孩子在睡觉为由，未让他们与孩子见面。

孩子“失联”了

3 月 7 日，小芮受伤；3 月 8 日，学校干部、教师登门慰问；3 月 9 日，小芮家长到学校对那根“惹事”的簸箕杆进行了拍照，并再次了解事情的经过。

关于学校对事件的记录，小芮家长强调：“孩子是走进班级，而不是跑进班级。”

我们当时认为，学校确实存在安全隐患，才导致孩子的脖子被戳伤，学校没有任何理由推脱责任，所以没在意，家长不让写“跑”，我们就修改了事件记录，将“跑进来”改为了“走进来”。

小芮妈妈的一系列举动让大家感觉她可能有什么想法，为了打消她的顾虑，3 月 10 日下午，校区主管蒋校长、年级主任再次和小芮家长面谈。

蒋校长就此事再次向家长鞠躬道歉，在关心孩子的同时，让家长放心给孩子进行治疗，治疗过程中如需要学校配合，学校义不容辞。她反复叮嘱家长照顾好孩子，并留好各种相关票据，学校会负责到底。蒋校长还安慰说：“小芮的皮外伤好得快，耽误两天功课也别着急，等康复后再让老师给补。”

我们期望通过这样的共情和承诺，让家长可以安心。家长面对学校的态度，也没有再提出别的诉求。

3 月 10 日晚上，我主持召开领导班子会，针对蒋校长汇报的事情经过和处理情况，特别是最近两天小芮家长给簸箕杆拍照、要求学校出具《事实书面说明》进行研究，“我们要充分理解家长诉求，要站在家长的角度换位思考，积极面对突发意外伤害事件”，并要求校区要不间断地和家长进行沟通，随时关注学生伤情恢复状况；同时，提高应对突发事件处理能力，不等不拖，及时反馈；强调各校区进一步全面做好安全排查工作。

会上，学校领导班子还形成了对此次事件相关责任人的处理意见：对班级安全隐患全校通报批评，对班主任、校区主管等安全责任人予以相应的绩效处罚，取消当年评优资格。

可从3月10日之后，小芮家长再也没有出现，也不跟学校联系了。对于班主任、任课老师的主动联系，家长只是回复“知道了”。对于大家多次提出要去看望孩子的意愿，家长以“已经送孩子到姥姥家”为由，万般推辞，不让前往。

本以为家长是一时心疼孩子，怪罪学校的情绪还没有过去，或者是对这件事情的解决还没拿定主意，需要一段时间考虑。所以，学校一再表示会负责到底，希望家长放下心里的后顾之忧。

但是，小芮家长此后多次把学校领导和老师拒之门外，不进行沟通，甚至在孩子伤势痊愈之后，仍然阻止孩子到校复课。

直至4月25日，小芮家长终于接听了老师打进的电话。电话里，老师告知最近有学生体检，并再次明确向家长表达：有什么诉求尽管向学校提出。家长只是冷冷地说：“知道了”，就匆忙挂了电话。

5月3日白天，年级主任即使更换4部电话，都无法与家长取得联系，直到晚上9点之后，无奈之下，给小芮的妈妈发送了短信。短信内容如下：

小芮妈妈：

今天多次与您联系都没有联系上您。孩子现在恢复得如何？学校领导一直都很关心！还是原先和您沟通的那个意思：您不要有什么顾虑，有什么诉求都可以直接和学校表达，我们愿意倾听。看您的时间，我约上校区的蒋校长和集团的钟校长，咱们当面共同沟通解决问题，尽力达到您满意。相信我们一定能够把问题解决圆满。

发完短信后，年级主任不放心，又给家长打电话，家长还是不接电话，也未回复信息。

就这样，在家长的反复阻止和拒接电话中，学校与孩子“失联”了。

此后，班主任、年级主任、校区执行校长、校长通过各种途径，始终无法与家长取得联系。

从最初的回复短信、微信，到最后切断与学校的一切联系，学校才发现，其实家长之前的沉默并不是理解，而是沉默中的拒绝。

学校想尽办法去寻求解决之道，而家长对学校的态度始终都是一样，这个事件似乎陷入了一个死结。

“我要转学”

直到5月4日，学校接到了小芮家长向上级主管部门递交的“簸箕杆伤人事件”信访材料，我们才幡然醒悟，原来家长到上级主管部门去信访，而且其表达的唯一诉求就是：“学校不安全，我要给孩子转学。”

5月19日下午，在教委信访办和基教一科领导的大力协助下，我带领校区执行校长、学校安全主管、校部负责主任、年级主任等相关责任人全部到场，在信访部门的见证下，向家长再次真诚道歉，倾听家长诉求。沟通近两个小时中，小芮家长一再表示，“除了要求转学，没有其他诉求”。

虽然没有见到小芮，但是从见到过小芮的工作人员那里得知：“孩子脖子上没有明显伤口痕迹，只是受伤部位的皮肤还有点发红”，我们内心总算获得了一些安慰。

5月23日，事发校区执行校长给小芮家长发去信件，再次真诚表达歉意、关心的同时，又一次回应家长的一些想法，并耐心劝解：

小芮妈妈：

您好！

上周五学校所有责任人与您见面，表达了我们的诚意，不知您考虑得怎么样？作为校区执行校长，当日也没来得及与您沟通，在这里有些话想跟您说一说。

孩子受伤一事，我既理解您，又希望您站在客观的角度理解学校，班主任仅有一年的工作经验，将此事简单处理成孩子之间的伤害……学校及时给予了矫正。3 月 10 日，我代表学校对您表示了真诚的道歉，在心疼孩子的同时，让您放心给孩子治疗，治疗过程中如需配合，学校义不容辞。孩子康复后老师给补课，而且嘱咐您照顾好孩子并留存好相关的票据，学校会负责到底。

写这些，并不是求得原谅，是出于对生命的关怀，别为此影响您的生活，别影响孩子的身心健康。无论是班主任还是校区主管的工作水平，我们该提高提高，不能给孩子的心理留下阴影。

事情终有一个解决，我们坚信有能力、有责任解决问题，培养好孩子。也希望您有这个自信。我们始终将孩子的身心健康和学习放在第一位。我们也诚恳地希望您，有机会将自己的想法与身边的好朋友聊一聊，听听大家是怎么看待的！

不管我承担什么责任，不管您对我持什么态度，劝您多站在孩子的角度，以客观、公正、发展的立场看待问题，使自己更阳光，让孩子更快乐！

在此，我郑重表态：对于学校出现的问题责任，我们所有干部教师绝不推脱、不逃避，积极面对。您的诉求只要在政策允许、合理范围内，我们将倾全力配合，协助解决。

我们真诚地希望您随时来到学校，我们共同去面对，以孩子的成长为核心，尽快回到解决问题的途径上来，别让孩子的学业受到影响。

校区执行校长的信还是没有得到任何回应，小芮家长仍执意去教委信访，唯一的诉求还是——转学。

时间过得飞快，一转眼，新学年已经来临，事情已经过去半年了，但是始终没有找到解决的途径，我们仍旧通过各种渠道尝试和家长沟通，但是均未奏效。

9月25日，年级主任（也是小芮所在班级的数学老师）再次致信劝解：

小芮妈妈：

您好！

周末，在陪伴自己孩子时又想起了我的学生，心中那种莫名的无奈和无力之感再次向我袭来！内心疼、痛、纠结万分！虽然班主任老师因为怀孕离开了这个班，但是我还是这个班的数学老师，又是这个年级的年级主任，这件事始终没有着落，让我在万般自责的情绪之中几近抑郁、崩溃！

最近学校发生的一些变化，让我感到悲哀！我不知道校区主任是不是因为我们班的这件事从校区主管的岗位调离到其他校区，不再担任校区主管的工作；蒋校长也被从校区执行校长的岗位转到只做两个年级的主管；学校安全主管也被取消了年度评优的资格。也许是学校正常的工作需要，但我总是与自己的工作相联系，内心充满了自责！

今后孩子成长过程中肯定还会遇到各种风雨，我们该教他用什么方式来更好地解决问题？孩子是您的，我教了一年半，也是有感情的。从孩子的角度，我愿意您尽快与上级主管部门沟通，落实您所要求的转学，尽快让孩子回归集体！钟校长从上次与您长谈之后，开学后又反复与上级主管部门进行沟通，为了不耽误孩子的学习，希望上级主管部门尽量地满足家长的诉求。我们校区新换的郑校长也多次与班子成员进行研究，跟我了解孩子的情况，您责怪学校至今没有赔偿，可您一直纠缠在转学的事上，不启动校方责任险，什么时候学校才能兑现赔偿呢？

我已经教了小芮两个年头，对待班中的每个孩子尤其是小芮这个孩子我一直以来都特别关注，对待他比对待我自己的孩子还要尽心尽力！所以我希望您能尽快与上级主管部门协商沟通解决转学的相关事宜，并与学校共同启动校方责任险相关程序，如果有什么问题我愿意帮助您从中进行沟通。希望您能倾听我的呼唤，不妥的话还望您谅解我的心情！

年级主任的信没有得到任何回应，家长还在信访——转学。

出于对学生的关爱，上级主管部门破例同意了小芮家长的转学诉求。

10 月 20 日，学校接到上级主管部门同意小芮转学的意见之后，大家如释重负，一颗悬着的心终于可以放下了。为了让孩子尽快复课，我们第一时间携手接收学校为孩子办理了所有转学文本手续。

10 月 26 日，我们又主动约小芮家长来学校。我代表学校再次真诚道歉，并介绍了校方责任险报销医药费的手续和流程，询问家长如果有其他诉求，一定别有顾虑，我们会配合通过相应的途径解决。家长只是执意要求学校出具书面处理意见。

我们只好又出具了一份书面说明：

尊敬的小芮妈妈：

根据您的要求，我们再次将学校一直以来的处理意见表达如下：

1. 对 2017 年 3 月 7 日下午，小芮在校受到意外伤害一事再次真诚道歉。本着学生无错原则，学校方面不主动追究双方学生的责任；相关责任人勇于承担由此带来的行政问责；无条件接受权威部门对学校责任的界定。

2. 对于破损簸箕杆存在的安全隐患已于第一时间进行了整改，进一步全面落实学校《五项安全管理制度》。

3. 事件发生后，学校已经对班主任、学校安全主管、德育部门及校区主管领导和执行校长等相关人员在教育、巡视、监督等方面的管理和领导责任启动问责追究。

4. 事件发生后，校方第一时间对学生进行救治，对学生的救治是否及时、妥当、到位，无条件接受权威部门的调查和评判。

5. 事件发生后，学校对学生的关心、关怀以及对学生的身心健康、学习等方面作出的安排，一段时间以来，克服一切障碍争取沟通机会，促进问题解决所做相关工作努力是否真诚、妥当、到位，无条件接受权威部门的调查和评判。

6. 对于家长的任何诉求、任何态度，我们都会将心比心，并愿意配合家长在“校方责任险”办理中，最大限度地争取、落实相关利益。

以上，妥否？再次恳请您的宽容和原谅！

直至11月13日，家长终于第一次送达明确的赔偿要求，包括有票据的医药费4462.04元（其中1000元学校已经垫付），另外提出后续治疗、误工、失学、精神损失等费用赔偿，近9万元。

校方责任险负责老师明确、清晰地告知家长：因校方责任险“一事一报销”，学校打算把家长垫付的3464.1元医药费先送过去。建议家长请一位信任的律师，学校愿意主动承担律师诉讼费，家长不会有任何损失，学校全力配合，尽快启动诉讼调解程序，拿到具有法律效力的裁决，只为尽快落实保险报销工作。

二次失学

我们以为小芮妈妈唯一诉求转学的目的达到以后，接下来肯定是毫无顾忌地向学校争取赔偿，这都在所难免，无非是耐心沟通，启用各种调解渠道和手段，就是再艰难，也是我们应该承受的。

可哪里想得到，小芮转学还不到一个月，家长再次借口电子学籍转移系统滞后，声称学校欺骗，是给孩子办理的假转学，第二次要求转学到外区去，而且信访的渠道由区里升级到市里、由教育系统升级到市政府，让所有人的心碎了一地！

紧接着，她对学校、教委、社区、民警的善意劝慰丝毫也不理会，并从2018年3月中旬开始，陆续在自媒体发表8篇文章，对学校、校长进行诋毁。家长还在学校附近的大街上，向路人发放传单。

此举严重干扰了学校正常的办学秩序。万般无奈之下，学校决定通过法律途径，一方面维护学校正当的名誉权，更为主要的想法，还是希望通过诉讼，搭建一个解决问题的平台。

最终，朝阳区法院经过5次庭审，走访学校、社区、家庭调查取证，查看孩子伤情，最终判定学校胜诉。家长不服，再次上诉。北京市第三中级人民法院终审依旧判定学校胜诉。

拿到《判决书》，我却没有想象中的如释重负，而是怎么也高兴不起来。我们起诉的根本目的，不是为了让家长“删除诋毁文章和公开道歉”，对判决结果我们永远也不会要求执行，因为唯一的希望就是帮家长搭建一个实现诉求的平台，为了孩子，勇敢地走出自我。

我曾经问过一位移民国外的朋友：“像这个案例，家长为达到自己的目的，违反义务教育法，剥夺孩子受教育的权利，要是在他们那里，会怎么办？”

朋友告诉我：“法院可以直接剥夺孩子家长的监护权……”

可叹，我们这些无奈的教育人。

可悲，我们这位无知的家长。

可怜，我们牵挂的那个无辜孩子。

事件反思

解决校园安全事故需依法合理

让孩子受到必要的教育，这是父母的天职，也是国家的强制性要求，父母应当保障孩子接受法定的9年义务教育，否则，就是违法行为。

在本事件中，小芮的父母以孩子不上学进行要挟，违反了义务教育法。当孩子父母违反了法律，作为学校，如何与当地政府部门及法院一起，维护小芮的受教育权利，成为一道新的课题。

虽然小芮的事件是极其个别、特殊的案例，但是小芮父母对学校、对教育者以及教育子女的态度和方式方法，不能不引人深思。

长期以来，在潜意识中，家长都认为孩子进入校园就等于“锁进了保险箱”。他们习惯对学校说，“把孩子交到学校，我们就放心了。”然而，近年来发生的校园伤害事件，却令学校与家长双方都感觉尴尬。

据《工人日报》报道，调查显示，国内中小学生因交通事故、建筑物倒塌、食物中毒、溺水、治安事故等死亡的事件每天都有发生。校园伤害事件既给受害学生、家长造成了身体和精神上的伤害，也给学校和家庭带来了沉重的经济负担，由此引发的法律纠纷也呈上升趋势。

中小学生活泼好动，如果学校安全教育管理工作做不到位，就极易发生意外安全事故。然而，当校园安全事故发生后，学校、家长又该如何处理呢?

如何认定校园伤害事故

近年来，校园安全事故时有发生，给学生造成极大的伤害，“事故责任如何认定”成为学校、家长最关心的问题。

《中华人民共和国侵权责任法》第三十八条规定：无民事行为能力人在幼儿园、学校或者其他教育机构学习、生活期间受到人身损害的，幼儿园、学校或者其他教育机构应当承担责任，但能够证明尽到教育、管理职责的，不承担责任。

本案中，两名学生（无民事行为能力人）因无意相撞导致“簸箕杆伤人”，学校在安全管理和日常教育方面的确存在漏洞与过错，故对该事故承担主要赔偿责任。

在本事件中，因学校为学生投保了平安校方责任险，事故发生后，学校不仅积极协助孩子监护人，甚至主动与家长协商解决办法，减轻家长的负担。

学校加强学生安全教育

安全工作无小事，再小的安全隐患，也容易酿成大祸。对校园安全来说，细节决定成败，细节维系安全。

作为学校，首先要明确当前保护好学校学生生命财产安全的重要性，切实增强校园及周边安全工作的责任感、紧迫感，切实加强校园及周边安全工作，完善安全防范措施。同时，学校要配合相关部门将学校专职保安人员的配备及必要的保卫器械配备到位，尽快将学校周边安全警示标语等各类安全设施设置到位；要建立健全保卫组织，严格执行校园管理制度；加强对学生和教职工的安全法制教育，增强他们的防范意识，提高自防、自卫、自救能力。

同时，学校应该加强对周边治安信息、特殊人员信息、外来流动人员信息的分析研判，牢牢掌握主动权，对各种苗头做到早发现、早阻止、早处置。与此同时，学校在相应的时间应组织相关人员对校园进行拉网式安全隐患排查。

家长和学校也应教导孩子学会自我保护，尽量将风险降到最低。只有这样，学校和家长的严防，才能营造一个较为安全稳定的育人环境，才能有助于预防校园安全事故和恶性案件的发生，推进学校教育教学和维稳工作高效有序运转。

对此，学校的每一项安全工作都应该有专人具体抓，水电暖设备应当定期检修，任课老师和班主任应及时洞察学生的心理异常，对可能发生的意外进行防范，切实做到防患于未然。

多方携手共建安全校园

在日常教育中，学校、家长应加强对孩子的安全提醒和告诫，无论是课上还是课下，学习、玩耍的同时，要注意防范危险。意外发生后，尽量保持平心静气、商讨解决，不要轻易碰翻友谊的“小船”。

校园安全工作需要社会、学校、家庭的共同关注与密切配合，加强教育，引导孩子们牢固树立安全观念和自律意识，最大努力避免事故发生，为孩子们营造安全健康的成长环境。

我国目前对未成年学生校园人身损害适用的法律尚存不完善之处，理论研究又相对滞后，司法实践中，对此类案件还存在部分认识模糊的地方。

一起校园伤害事故，学生、家长、学校三方都受伤。要让事故处理既能维护学生权益，又能保障学校权益，还有很多事要做。

延伸阅读：

纠纷解决“有法”

在学校安全事故中，如果发生人身伤亡等情况，面临的很可能就是赔偿的解决。学校和学生及其家长在赔偿问题上，可以采取的法律救济程序主要有以下几种。

《学生伤害事故处理办法》第十八条规定：“发生学生伤害事故，学校与受伤害学生或者学生家长可以通过协商方式解决；双方自愿，可以书面请求主管教育行政部门进行调解。成年学生或者未成年学生的监护人也可以依法直接提起诉讼。”

因此，当受伤学生家长与学校在关于赔偿问题产生纠纷时，可以采取协商、调解以及诉讼的方式解决争端。但这三者之间没有先后顺序，例如学生和家长可以不经协商和调解，而直接向人民法院提起诉讼。

一、协商

协商是指发生纠纷的双方当事人在平等自愿的基础上，按照有关法律的规定，直接进行磋商或谈判，以达成双方都可以接受的解决方案。

用协商的方式解决争端，快捷、简便，并有助于解决方案的实现。在学生伤害事故的处理中，协商的当事人一般是学校、受伤的学生及家长、其他责任人（如导致该学生受伤的其他学生）。

学校在协商之前，应当向有关的专业人士，最好是律师进行咨询，并征询教育行政主管部门的意见。协商的基础是建立在平等自愿基础之上的，所以如果有一方当事人拒绝协商的话，协商即不能够进行下去。

二、调解

调解是指纠纷的当事人在第三人的协调和斡旋下，在自愿的基础上达成协议解决争端的方法。

它具有同协商解决一样的优点。但其与协商明显的区别在于调解是在第三人的主持下进行的。

实践中，第三人一般是教育行政机关、当地司法机关、人民调解委员会、律师等，这些组织和个人通过对当事人双方的协调和斡旋，促使受伤学生、家长与学校达成协议。

另外，这种调解又区别于人民法院的调解。人民法院的调解是指在民事诉讼中，双方当事人在法院审判人员的主持和协调下，就案件争议的问题进行协商，从而解决纠纷所进行的活动。普通的调解与人民法院的调解在发生时间、调解的主持人以及达成协议的效力上都是不同的。

三、诉讼

在学生伤害事故的双方当事人通过协商和调解后仍不能达成一致意见时，可以通过诉讼的方式进行解决。

因为法院是解决纠纷的最后一道屏障，所以它的公正性是值得信赖的，所以有的当事人在学生伤害事故发生之后便直接进入诉讼程序。

但采用诉讼手段的缺点也是有的，例如费用较高、手续繁杂、费时较长，另外在判决的执行方面也可能会发生一些麻烦。

对于学校来说，应当尽可能地利用非诉手段解决纠纷。一旦收到法院传票，进入诉讼阶段，学校应当聘请专业的律师代理自己进行诉讼。

有些学校认为：“有理就能打赢官司。”这种想法是非常错误的，因为诉讼是一种专业性非常强的活动。实践中，就发生过很多涉诉的学校因为提交证据的时间不当、答辩状的书写内容不当等因素而败诉的例子，实在是令人扼腕叹息。

根据这些年在实际工作过程中的经验，我们认为，当发生校园意外伤害事故，学生家长与学校之间就赔偿产生纠纷的时候，采取由人民调解员参与的“调解” + 申请司法认定的方式，既保证了第三方“调解”工作的客观公正，又能让“调解”结果产生法律效力，给学校赔偿提供一个可以把控的依据。遗憾的是，目前经由司法认定的调解书，并不能直接用于校方责任险理赔。因此，超出校方责任险一般理赔范围或提供不出有效证据的诉求，家长还是应该通过诉讼来取得理赔依据。

在此说明两点：

第一，请广大家长对于起诉学校的举动，不要有任何心理顾虑，学校是非常支持和全力配合的。

第二，希望上级管理部门不要把学校是否被家长起诉，纳入对学校的考核，免得学校会息事宁人，给事情的正常解决埋下隐患。

家校矛盾篇

腹背受敌

题记

教育者的个性、思想信念及其精神生活的财富，是一种能激发每个受教育者检点自己、反省自己和控制自己的力量。

——苏霍姆林斯基

事件回放

运动会“照片事件”

“五一”节前后的北京，春意盎然，是学生运动的好时机，对此，学校每年都会在节日前夕举行春季运动会。赛场上，运动员们个个毫不示弱，高度和远度仿佛是他们追逐梦想的尺度，操场处处洋溢着运动的激情与喜悦。

4 月 29 日，垂杨柳中心小学一年一度的学生运动会正在紧张激烈地进行着，操场上的加油呐喊声此起彼伏。

运动会，作为学校教育教学工作的一个组成部分，不仅在学校的体育工作，就是在学校的德育工作中也发挥着巨大的作用，因此学校非常重视。

运动会召开之前，一年级（2）班家长群中就有几名家长积极踊跃报名，表示想当本次运动会的志愿者，协助老师服务小运动员们。

家长们的主动热心，让班主任文老师盛情难却，没有考虑太多就答应了家长们的请求。由于志愿者的名额有限，班主任按照报名的顺序选择了前三名家长。

按照学校规定，志愿者是可以脱离观众区，进入比赛场地近距离服务小运动员们的。

志愿者们在比赛的过程中顺手将拍的照片发到家长群中，照片刚发到群里，某些心细的家长就发现志愿者借此机会拍了很多自己孩子比赛的照片，却没有帮班级里其他几个参赛的孩子拍照，这一举动引起了诸位家长的不满。

小乔妈妈在群里埋怨，"志愿者的选择是不是存在什么猫腻？为什么我也报名了却没选择我，实在太不公平了！"

此次"照片事件"，使得自去年10月就开始的一笔糊涂账又被翻了出来，去年究竟发生了什么？

翻旧账

一年级上学期的某天下午，小乔和同学们像往常一样结伴走出校门，几家大人、孩子一起往回走。

小乔一如既往地和同学有说有笑，走在一起的男孩儿却明显拒绝与小乔说笑，奶奶教导着孙子要和同学友好相处，男孩儿理直气壮地指着小乔大声对奶奶说："今天文老师说了，不让我理她！"

一听这话，男孩儿的奶奶拉着孙子紧走几步，打算把这句话掩盖过去。可是由于声音太大，显然已经被小乔的姥姥听到。

碍于面子，小乔的姥姥没好意思继续追问，回到家把听到的几句话跟女儿一说，娘儿俩越想越别扭。

在这之前，小乔的母亲因为文老师没有及时回复信息，给文老师提过意见，家长担心这不会是报复孩子吧？

小乔这孩子胖乎乎的，很可爱。刚刚从幼儿园来到小学，还不太适应学校的生活，她特别喜欢和同学玩耍，也总是希望得到老师的关注，难免会无意识地影响到课堂纪律。

因为小乔可爱的模样和她的行为特点，所有的老师都很快记住了她，一提起"乔乔"没有不知道的。

单纯的小乔对同学的话并不以为然，对于老师当时怎么说的以及当时的情境也说不大清楚，在妈妈跟姥姥不断的追问下说道："哎呀，妈妈我求你就别问了！"

小乔妈妈是个暴脾气，晚上越想越来气，第二天和姥姥一起来到学校，跟校区领导反映文老师打击报复、孤立孩子的行为。

听了家长的叙述，特别是了解到小乔妈妈为了要这个孩子经历了太多的等待和磨难，所以对孩子格外疼爱时，蒋主任感动得落泪，站起身给妈妈和姥姥深鞠一躬："我们的老师太年轻了，还不懂得一个妈妈的心，特别是对小乔这样的孩子，就更揪心，处理问题可能太简单，我代她向您道歉。"小乔妈妈和姥姥被主任的态度感动，也就没再坚持追究。

劝走家长，蒋主任找文老师了解情况。原来，小乔上课爱和周边的同学交流，下课也爱追着同学玩，有的小朋友烦了就爱告小乔的状，其实老师知道小乔不是有意地打扰同学，所以顺嘴说了"你们别理她"，被认真的孩子和小乔理解成：文老师不让同学搭理小乔。

经过调查，学校领导了解到文老师接班以来工作非常努力，家长们也十分认可文老师的班级管理工作。相信此次事件一定不是有意的，相信她可以妥善解决。于是再三嘱咐文老师，对小乔这样的孩子，一定要有耐心，务必赢得家长的信任，只有家校共同努力才能让她尽快适应学校生活。

文老师爽快地保证，一定会呵护好小乔，做好家长的沟通工作，请领导放心。

原以为事情就这样告一段落，没想到时间一晃到隔年 4 月底的运动会时，因为文老师选择运动会家长志愿者一事又产生了分歧。

分歧引发家长们形成两派，一派是拥护支持文老师的大多数家长，一派是以小乔妈妈为代表的少数家长。由于文老师跟小乔妈妈之前的小矛盾，此时，一件微不足道的小事竟然成为"导火线"，使事情越闹越大。

教育思想的碰撞

小乔妈妈等一部分家长对文老师的不满，究其根源还是在教育思想上。

文老师年轻肯干，精力充沛，充满活力。作为新时代的教师，她接触的新鲜事物多，有着年轻人的想法。

特别是在教育孩子上，与传统的老师相比，教学风格新奇大胆，与学生有着更好的亲和力，深受孩子们的喜爱。

文老师在课堂上，从来不把知识被动地教授给孩子，而是调动孩子们的兴趣，和他们一起探索。所以在文老师的课堂上，孩子们更多的是欢声笑语，而不是死气沉沉的被动接受。

对于这种教学方式，有的老师表示认可，认为年轻老师有想法，有朝气，大胆改变目前教育方式，未尝不可一试。

有的老师则觉得是胡闹，课堂上吵吵闹闹，没有一点纪律，不成体统。

持有同样观点的，还有文老师班级里的家长们。有的家长支持文老师开明的教学方法，觉得自己孩子在文老师的班上，学习很快乐。有的家长则不支持，认为课堂上吵吵闹闹没有纪律，放学后也从来不布置作业，孩子根本学不到知识。

为了这事，以小乔妈妈为代表的家长们，没少给文老师提意见。要求她管好课堂纪律，给孩子多布置点作业。

文老师觉得自己的教学方式更适合新时代的孩子们，开始时竭力向家长们解释这种教学方式的好处，但是部分家长根本就不认同这一套。文老师觉得这些家长的思维太传统、太落伍了，后来干脆一概不回复，结果搞得一部分家长怨声鼎沸。

一探究竟

从去年 10 月以来，小乔妈妈心里积了不少与文老师之间“鸡毛蒜皮”的“怨恨”。但最过不去的，就是文老师到底有没有说过那句“你别理她”，从而一直怀疑文老师是否对孩子实施了冷暴力。

为了搞清楚事情的来龙去脉，“五一”假期小乔妈妈就联络了几位家长，组团出游。

这次出游，小乔妈妈的目的不仅是让孩子们结伴游玩，满足小乔交友的愿望，还有一个重要的目的，就是“调查”文老师到底有没有在班里孤立小乔，实施冷暴力。

中午休息的时候，小乔妈妈开口问道：“同学们，你们文老师到底有没有讲过别理小乔啊?”

几个孩子叽叽喳喳，各自说了起来。

——“对对对，我记得老师当时就是这么讲的!”旁边的小胖边吃冰激凌边说。

——“胡说！老师当时根本就没有这么讲!”牛牛马上反驳。

——“嘿嘿，阿姨，我真的不记得了!”

——“我好像也不记得了，时间过得太久了。”

确实，时间这么久了，孩子们说的情形有些出入。但孩子们越是吞吞吐吐，小乔妈妈越是坚信，文老师就是因为自己曾经给她提过意见，而且与那些支持文老师的家长意见不同，故意报复小乔。

5 月 3 日，小乔家长再次来到学校，这回蒋主任怎么劝都无济于事。

小乔家长与文老师“积怨已深”，她情绪激动、态度强硬，执意要求更换班主任，要求学校就文老师对孩子实施冷暴力的行为严肃处理。

由于小乔妈妈态度坚决，蒋主任与其沟通十分艰难。因为最后也没有得到肯定的答复，小乔妈妈就在校门口大吵大闹，眼看就要影响其他班级学生上课。

于是，学校立即召开校务会，成立应急处理领导小组，研究解决办法，校领导决定亲自和小乔家长进行沟通。

座谈会

5 月 4 日上午，校区郑校长与小乔家长进行了第一次沟通，在认真倾听了小乔家长反映的有关文老师的问题后，首先仍是致以歉意，向家长承诺会进一步进行调查，如果老师确实存在违反教师职业道德规范的行为，学校肯定会依照学校相关制度进行处理。

对于班里绝大多数家长对小乔家长的不理解，对文老师的坚决支持，郑校长建议召开家长会公开表明学校的态度，小乔家长总算愉快地离开了学校。

下午的家长会小乔父母都来了，班里的其他家长也到了二十几位，郑校长与大家座谈，真诚沟通。校长明确指出，文老师刚担任班主任，有很多地方需要提升，大家都是从年轻时候走过来，年轻人身上存在一些问题，需要拿出勇气去面对，也需要大家给予信任。希望大家给文老师应该有的关心和支持，学校会爱护老师，但学校也绝不会包庇老师。

本次交流很顺畅，眼看事情开始往好的方向发展。

突发变故

学校一方面继续对小乔家长耐心劝解，为了孩子的学习，希望再坚持两个月，等新学年再进行人事调整。

出于对文老师关爱、鼓励、指导，学校希望她勇敢面对家长提出的质疑。通过自己的努力，与小乔建立良好的师生关系，用事实感染家长，放弃成见。

但是，你永远不会知道教育事业上会有多少波折。

5 月 19 日，风云突变，小乔妈妈与数位家长突然找到学校，态度明确而坚决地表示：他们掌握了大量文老师有违师德的证据，必须立刻把文老师换掉。

这突如其来的变故让所有人措手不及，究竟又发生了什么？

杀出一个“程咬金”

学校多方了解后，才发现小乔妈妈和其他家长找到学校来，事情并不是那么简单，幕后有一个强有力的支持者。这个幕后人，就是小苏同学的妈妈。

苏妈妈是一名初中教师，曾经获得过优秀教师的称号，有着自己的一套教学思想和方法，她对自己的教育理念非常自信。

苏妈妈非常不认同文老师这种“不扎实”的教学方法，觉得文老师就是在胡闹。但是因为自己的身份，不好当面出头，于是就在幕后为小乔妈妈等人出谋划策。

专业的人参与，其破坏力之大远远超出了学校的想象。

苏妈妈不仅留有文老师向家长索要物品作为奖品发放的证据，还收集了文老师在班级群中怂恿其他家长孤立小乔妈妈的不成熟的言论，对课堂上“混乱”的纪律录像等问题，甚至还把文老师生活中年轻人的一些喜好，说成是不符合老师的形象。

在苏妈妈的推动下，小乔妈妈等家长坚决要求撤换掉文老师，认为不能再让她“误人子弟”。

有苏妈妈这么个“明白人”的证据和策略支持，小乔妈妈的斗志被极大地激发起来，她不仅在群里发表言论，还与支持文老师的家长起了言语上的冲突。

5 月 19 日这一天，在小乔妈妈各种证据和滴水不漏的言论面前，毫无准备的文老师不堪一击，被指责得体无完肤，折磨得心力交瘁。最后无可奈何，校领导承诺暂停文老师的教学任务，由刘老师暂时代课。同时在第二天召开家长会，宣布最终决定。

屋漏偏逢连夜雨。在第二天的家长会上，支持文老师的家长和反对文老师的家长公然在会议室爆发冲突，如果不是校方及时报警，事态后果无法想象。

所有努力想解决此事的人，如今都一筹莫展……

不堪回首的记忆

那段无奈的日子让我们很多人不堪回首。

大家领教了苏妈妈、苏爸爸极大的杀伤力，让学校对文老师的保护无从实施。

同时领教了小乔妈妈、小乔爸爸在“聪明人”的指导下越战越勇，让文老师无法正常教学。

也感受了文老师背后的广大家长给学校的各种压力，在学校无奈地决定请刘老师接手班级工作的时候，有 8 位家长坚决不同意。坚持在学校交涉，其中最坚决的一位家长在学校待到深夜 3 点，他们对文老师的支持，成为解决问题的最大障碍。

家长们无视当时班里孩子们因为家长的不团结，导致幼小的心灵所受到的污染，无视孩子们相互之间的不团结甚至仇视，无视班级纪律的散乱。

一个原本稳定向上的班集体，不到一个月就不复存在。学校领导看在眼里，急在心上。而此时，支持文老师的家长们却还在给她写表扬信、送锦旗。

我们领教了文老师的超级不成熟，准确说是不信任、不配合。与小乔妈妈的沟通始终不能尽如人意，与拥护自己的家长始终不能划清界限，对学校的爱护、保护、处理技术、管理行为始终不能充分理解，导致状况不断。

尤其是在学校被两方家长夹击的被动局面下，文老师的父母也来到学校，对学校的保护性行为（比如暂时请病假离开几天，比如将其调离校区远离是非，以实施保护）提出质疑，甚至要和家长、学校通过法律讨回公道。

学校始终对各方耐心劝解、始终坚持把孩子放在第一位。就拿那位在学校待到深夜 3 点的家长来说吧，家长带着孩子一直不听规劝，不肯离校，强烈要求不能换老师，学校则苦口婆心地反复说明，目前的情况文老师已经没有正常工作的可能，期末在即，孩子们耽误不起。规劝她为了自己孩子的身心健康，应该先带孩子回家，学校还把孩子的爸爸请来一起做工作。在学校反复讲解及规劝下，这位家长终于想明白，学校所做的一切都是为学生着想，把学生的身心健康放在第一位，最终真诚道歉并接受学校对这件事的处理。

两败俱伤

在苏妈妈的助阵下，小乔妈妈大功告成。为了坐实文老师的“师德”问题，使她不会在其他家长拥护下，有朝一日重新回到自己的岗位，小乔父母出示了两万多字的状告文老师的材料，时间从学生入学到事件发生前，都是所谓文老师的“罪状”，要求学校严肃处理文老师。

为了防止学校包庇文老师，小乔父母还将材料递交到教委，向教委讨要说法。按照规定，学校必须对举报内容一一进行回复。

5 月 25 日，学校和小乔家长及苏妈妈再一次进行沟通，进一步阐明学校观点，针对小乔家长的状告材料进行了一一回复，由于家长状告的材料大多没有真凭实据，文老师拒绝配合，我们也不忍再去玷污孩子们的眼睛和耳朵，调查始终也没有实质的启动，小乔爸爸两万多字的状告材料化作了一地鸡毛。

事件也走到了学校最不愿看到的一步，文老师承受不了各方的压力，最终不辞而别，甚至没有留给我们挽留的机会。

事件也因文老师的离去可以完结了，客观上这也不失为事件的一种解决办法吧。只是留下了太多的遗憾，有些遗憾恐怕永远也无法弥补。

整个事件没有赢家。无论是学校还是文老师本人，也无论是力挺文老师的家长还是主张坚决撤换文老师的家长，总之受影响最大的还是孩子们。家长们的不团结直接影响到了孩子们，尽管只经历了不到一年时间，但要消除孩子们心中的阴影肯定不是一年两年的事情。

腿伤恢复中的刘老师被紧急召回，很快打开工作局面。很多家长开始觉悟，两派都进行了反思，于是默默接受了学校的一切安排，不再质疑，而是选择信任。个别力挺文老师的家长，因为文老师的离去而沮丧不已，这与小乔妈妈得胜者的姿态形成鲜明反差。

经过一段时间的沉淀，时机成熟了，我决定主动先约见事件的关键人——苏妈妈。

秘密求助

对于我的约见，苏妈妈感到十分意外，并做好了“挨批”的准备。再次见面她显得很不好意思，一个劲地为之前的举动道歉。

我的谈话很直接：“苏妈妈，我看你是明白人充当了一个糊涂角色！我相信你是一个有着教育情怀的妈妈，是一个心中有爱的妈妈，是一个优秀的教育工作者！但是，你发挥了最为消极的作用，我们都是老师，都是从年轻的时候过来的，我们也曾有过自己对教育独特的见解、想法，事实证明有些尝试是有用的。文老师是一个有个性的年轻人，对学生负责，也有改进工作的积极性，可是最终却事与愿违。我想这次事件，对她的一生都会是难以释怀的伤痛。事情既然已经发生了，您也不必再把之前的做法放在心上。”

我告诉她，希望今天的约见是我们两人之间的秘密。学校为进一步从深层次解决小乔所在班级的问题，需要她的帮助。

我们共同分析了小乔继续留在这个班级，对于小乔本人和全班同学存在的不利一面。同时分析了小乔妈妈的个性思维品质，并列举一些家长对小乔妈妈厌恶的态度。

为了给每一个孩子提供一个没有干扰、友善健康的成长环境。我希望苏妈妈可以劝解小乔妈妈将小乔转到其他校区，并授意她帮小乔妈妈分析利弊，下决心给孩子创造一个新环境，避开干扰，更好地成长。

为冲动埋单

果不其然，几天以后，小乔父母主动找到校长办公室。刚见面，小乔爸爸就再次向我要学校对那封“两万字信访件”内容的答复。

这次我一反常态，激动且强硬地说道：“情况你们心里比我清楚，你们写的那些问题，至少要有当事人在场才能调查，对文老师的调查别说已有结论，就是没有结论调查也无法进行。况且对一年级的小孩子来讲，调查要取得家长的同意。即使家长允许了，你们忍心用这些鸡毛蒜皮的小事去玷污孩子们的心灵吗?”

小乔父母被问得一时哑口无言，我继续讲道：“学校不是司法机关，如果你们觉得有必要，可以选择走司法程序，对文老师和学校实施诉讼，正好文老师的父母也要告学校呢，要不要一起来？这么久以来，有些事情你们该学会理解了，也该好好反思一下自己的行为。找我来最好谈能帮上你们的事情，否则就别耽误时间了！”

听完我的话，小乔父母不再绕弯，直截了当地提出调校区的想法，并且承认因为之前家长之间的矛盾，造成孩子们的不团结，自己孩子能力弱，成为矛盾的焦点不利于成长。

我见两位家长气焰已消，趁势说道：“你们把事情闹得这么大，让我怎么跟别的校区张嘴？再说了，我们要没有别的校区怎么办，你们想一出是一出，把学校当什么了！”

听我这么一说，两位家长气焰已经基本消除了。我又接着说道：“但是，你们的担心不是没有道理，这次是真正为孩子考虑，我们班子研究一下，你们先回去。”

其实学校领导班子早已经认真商量过，像小乔这样的孩子，应该给予更多的呵护，同时小乔的家长也需要一定的指导和约束。

后来小乔父母如愿以偿，把小乔转到了新的校区。也许小乔的学习成绩永远不会出类拔萃，但是学校会让她在团队中变得自信和可爱。我们将小乔调到另外一个校区的年级组长葛老师班里，希望对孩子和家庭都会有所帮助。

对于小乔父母来讲，自己的诉求得到了百分之百的满足，找回了面子，所以无怨无悔地主动配合老师工作。

至今，学校也没有捅破小乔转学这件事。后来听说，小乔妈妈曾经表态：“尽管当初经历了一些波折，但是值得，否则不会有今天转学的成功。”唉！无论家长再怎么矫情，只要孩子适应了新环境，健康快乐地成长，便是学校想要达到的目的。

终究会有一天，当小乔的父母知道学校的良苦用心，一定会感谢学校所做的一切，他们会庆幸自己孩子走进了垂杨柳中心小学。他们会从以往的教训中学会思考，学会理解，学会包容，从而冷静客观地分析处理问题。

一颗善良的种子

小乔转学半年以后，发生了这么一件事。寒假里，小乔家长带孩子到医院看病，发现孩子的医疗保险被停了。

找到学校卫生老师才了解，原来由于孩子是校区间的调整，不涉及学籍变更问题，入北京“一老一小”保险的时候，两边的班主任都没有补报给卫生老师。

补报手续需要周期，家长一着急又跑到教委信访办去了。事后，家长一再跟老师解释，自己只是去问问，不是不信任学校，自己以后办事一定先跟学校沟通，冷静处理，并反复地跟学校道歉。

当大家跟我叙述小乔妈妈在这件事中的变化时，我的心中涌动起莫名的温暖。我知道，这是种下的善良种子，开始发芽了。

事件反思

做理性的教育参与者

收起这次事件所带来的交瘁感，我们能从这次事件中感受到很多。

在这次事件中，学校有无数多次的机会可以将事情圆满地解决，但是因为几方当事者的缺乏理性以及各种冲动的行为，最终将事态推向不可挽回的局面。

最值得说道的应该就是苏妈妈在这次事件中的作用，专业的人所带来的影响，是巨大的。

我明白苏妈妈对于自己专业的骄傲，她是市级优秀教师，有着自己成熟的教育思想和教学方式，通过十几年的实践证明了自己的成功。但是十几年的教育荣誉也让她变得有些自负，也许她也经历过文老师这样的考验，教育思想日渐保守；也许是世俗的打磨，磨灭了她不断探索教育事业的兴趣。

但这都不应是她想尽办法打击一位年轻老师积极性的理由。从记录证据、收集录音，到组织家长不断与文老师产生摩擦，种种计划策略，严谨周密，一度令学校都难以招架，更何况一个年轻的老师。

苏妈妈从某种角度来说也许是个优秀的教师，但是在这件事上是一个不理性的教育者，她以一个专业者的身份扮演了一个不光彩的角色。

对于文老师来说，或者对教育事业来说，这可能真的是一个遗憾。从大家后期的观察来看，该班孩子在升入二年级以后，老师普遍感觉孩子们课堂上积极性、主动性远胜于其他班级，而且想法新奇，让老师们也感叹“这班孩子聪明”。

我既感到欣慰，又感到遗憾。欣慰的是文老师的教学方法是有效的，对于我们的许多老师来说，也许真的该转变思想，为教育改革做一些积极的尝试。遗憾的是，我们年轻的老师，因为家长不理性的干涉，深受挫折，可能对她的一生都是伤害。我不否认，文老师有一些年轻气盛，可是谁不是从这个时期过来的呢？

这让我想起最近读的《曾国藩》一书，清朝后期的这位中兴之臣，在对太平军作战中，当时面对的是“屡败屡战”的惨淡状况，甚至一度投湖自尽来谢罪，难得的是一塌糊涂的清廷却给了曾国藩这个汉人足够的支持，不干涉他的指挥。使得他东山再起，凭借着湘军攻破了太平军的“天京”，为清朝再度续命……

可是我们的家长并没有给文老师，这位也许未来可期的教育者一份信任。我们不知道，彼此会损失多少本该美好的东西，真的是很令人痛心。

除了苏妈妈这种专业人士带来的巨大伤害，我觉得更应该提醒的是以小乔妈妈为代表的家长，请务必对教育保持冷静清醒的认识，不要轻易地跟风，根据捕风捉影的事就胡乱揣测。不难看出的是，整个事件中，闹得最凶的是小乔的家长，损失最大的也是小乔，甚至可以直白地说，小乔妈妈是“被利用”得最彻底的人。

自始至终，小乔妈妈和文老师之间最大的矛盾就是文老师到底有没有“冷落”小乔。我们用了很多证据来说明这种情况并不存在，文老师也表示出自己很喜欢小乔这个孩子。小乔妈妈如果足够理智，小乔必定会更加茁壮地成长。

遗憾的是小乔妈妈在苏妈妈的鼓动下，仿佛像一个骄傲的“战斗领袖”，取得了最终的“胜利”。这种两败俱伤的“胜利”，以牺牲掉自己孩子的教育为代价，何其惨痛。

教育是一片神圣的净土，不应该是战场，更不该有斗争。

冲动、缺乏理性以及没有主见的家长并不在少数，作为参与孩子一生教育的人，我们要时刻警惕，保持理性。

很欣慰地看到，在整个事件的后期，越来越多的家长意识到理性的重要性，他们开始配合学校的工作，小乔妈妈的行为不再具有冲击力，从而使得这一事件最终得以平稳的解决。其实，不仅仅是教育，综观整个社会，当一个人变得理性，处理人际关系就会变得从容，当整个社会变得理性，就会呈现和谐状态。

世界是变化的世界，教育也是。两千多年前，孔子喊出了“有教无类”，这是教育的大胆变革，使得“学在官府”发展到“学在民间”，知识在整个中华大地的普及，推动着我们这个民族的发展。两千年以来，一代代的教育者顶住诸多压力，为中国的教育事业注入了无限的动力。

今天，我们面对的形势更加复杂，传统教育的变革也势在必行。教育的目的不是“灌输”，而是“培养”。培养孩子的积极性、主动性以及创造性。没有人希望我们的孩子看上去千篇一律，死板的教育将会是这个社会莫大的悲哀。

而处在这个教育大变革的时代，每一位家长，都是孩子教育的一生参与者，他们的理性和开明，会是他们孩子一生的幸福。

郭老师的“幺蛾子”

题记

唯宽可以容人，唯厚可以载物。

——薛瑄

事件回放

学校一年一度的阅读嘉年华活动正在如火如荼地开展，郭老师所教的五（6）班几乎收获了活动的所有奖项。因为郭老师本人就是教师戏剧社团的骨干，所以他们班展演的校园剧是师生同台表演，结果拔得头筹。全班同学越战越勇，准备在集体诵读比赛项目中再次向冠军发起冲锋。

郭老师带的五（6）班，5 年以来在同年级各方面的表现都非常优异，考试成绩从来没掉出过年级前三，体质健康检测成绩年级领先……最令人羡慕的是，在学校大型话剧《草房子》里边，好几个主要角色都来自他们班，那可是垂杨柳中心小学家喻户晓的明星。这几个小明星往朗诵队伍中一站，立马自带光环。郭老师坚信：集体诵读，凭着五（6）班强大的凝聚力，默契的配合度，亮眼的明星阵容，赢得本次比赛是板上钉钉。

本以为会是一个愉快的下午，不料，春风得意中的郭老师却迎来了自己职业生涯的“滑铁卢”。

导火索

“下面请集体诵读年级冠军——五（6）班上台展示！”在主持人的引导下，五年级（6）班的同学们开心地站到台上。说是展示，其实就是领奖！

郭老师比孩子们还兴奋，从孩子们上台的那一刻起就举着手机拍照。拍着拍着，郭老师整起了“幺蛾子”：她拍了一段视频，毫不犹豫地放到班级家长群里，开心地请未能到达现场的家长们一睹孩子们的风采，还得意地写道：“恭喜五年级（6）班获得集体诵读冠军，请大家一同分享年级冠军的风采，孩子们太棒了！每一个孩子表现都很出色！好风凭借力，扬帆正当时。朝阳初上，未来可期。”

不承想，视频刚发出去没多久，郭老师还没来得及享受家长们的称赞，就被主任一个电话叫到了会议室。到底发生了什么？

冰山不只一角

原来，班里杜小雨的妈妈看到郭老师发到群里的视频后，发现自己儿子的身影被挡住了，便直接拨通教导主任的电话，上来就是一通质问：“朗诵比赛为什么不按高矮个排队，为什么把我们家孩子安排到后排位置上，为什么让领诵的孩子挡住了后面的孩子？这么做公平吗？合适吗?!”

面对小雨妈妈的问题串，宋主任一时还没有反应过来，虽然还疑惑着，但还是先安抚家长：别着急，有什么事慢慢说。小雨妈妈更加愤怒地继续讲道：“我们家忍姓郭的已不是一天两天了，她平时怎么对我儿子的，别以为我们心里没数……”

宋主任意识到，事情不简单，赶紧回复道：“对于您所说的情况我们肯定会调查清楚，给您和孩子一个交代。电话中讲话也不方便，我希望您别着急，平复一下自己的心情，明天还是到学校来，咱们当面把事情沟通清楚好不好?”

在宋主任的耐心沟通下，杜小雨妈妈终于答应明天下午到学校来跟宋主任面谈。

第二天下午，杜小雨妈妈来到学校，宋主任在会议室接待了她。小雨妈妈首先谈到自己对郭老师用微信发布集体诵读视频不满，既然是集体展示就应该公平对待所有孩子，自己在家长群里提出质疑，郭老师没有给出任何回应，分明是眼里没有家长。

她还提出，郭老师经常在群里直接点名批评学生，对学生缺乏起码的尊重，也伤害到家长的感情。另外，在日常课堂上，郭老师也存在对孩子不公平的对待，甚至有过肢体上的接触。

小雨妈妈明确表示：自己忍了很久，这次既然站出来，就必须要求郭老师当众道歉，否则，这次的事就没完。

宋主任觉得家长的意见事出有因，有些观点不无道理，而且学校早就提出过，老师在班级微信群中应“八要八不要”，郭老师怎么这么大意呢？因为第二天正好召开全校家长会，宋主任就和小雨妈妈协商，容自己就家长提出的质疑做一些调查，明天开完家长会以后，再请郭老师和家长坐下来当面谈谈。

宋主任宽慰家长：“郭老师教咱家孩子快 5 年了，她是什么样的人，对孩子们怎么样，您心里应该有数。工作欠妥的地方，请您原谅，我也一定会让郭老师给您道歉。”

宋主任和家长的第一次面谈，使家长同意并相信学校能够妥善处理好此事。校领导的诚恳，家长的理解，似乎让事情得到了最平静的处理，暴露出来的冰山就这样“融化掉了”。

然而，融化掉的冰山却转化成了一场暴风雨。

“暴雨”骤至

就在家长会前，宋主任又接到杜小雨妈妈打来的电话，电话那头的小雨妈妈显然情绪失控，对郭老师的控诉明显升级，言辞过激程度让宋主任难以置信，乃至扬言要弄死郭老师。

宋主任叫上校区校长赶紧到学校门口迎着，家长会时间马上到了，小雨妈妈却暴跳如雷，此时如果不稳定好这位妈妈的情绪，家长会恐怕会受到干扰。

没过多久，杜小雨妈妈就赶到学校，还未进入校门就破口大骂：“姓郭的，今天我要让你身败名裂……”在校区程校长的极力劝说下，小雨妈妈才来到了传达室。

大家不断安抚杜小雨妈妈："小雨妈妈，有什么事您跟我们慢慢讲，我们一定会给您一个交代!"

此时的小雨妈妈已经被怒气冲昏了头脑，失去了理智，根本听不进去任何劝解，还将宋主任善意的安抚说成是限制人身自由，属于非法拘禁，并且拿出手机就要报警。

大闹家长会

杜小雨妈妈趁宋主任不注意，一把推开她直接冲进了教学楼，而未能反应过来的宋主任一个趔趄，差点摔倒在地。

杜小雨妈妈直接冲进教室，不顾众人眼光，在教室中历数郭老师的问题和大家对自己的不理解。

班里的家长们都纷纷上前劝阻，建议她顾全大局。郭老师也一再表明，让她先稳定情绪，等开完家长会后，再与她进行沟通，好不容易才使她暂且安静地坐了下来。

家长会期间，杜小雨妈妈又多次旁若无人地高声打断家长会。多次指责、质疑老师和其他家长，并且不由分说地将之前印好的郭老师"罪状"发放给家长们。

事情的陡然失控让大家一时手足无措，杜小雨的家长怎么突然就变得如此冲动，到底又发生了什么?

五（6）班的家长会搞成了一场闹剧，只得草草收场。校领导把杜小雨妈妈请到学校会议室，与郭老师一起沟通以解决问题。

火上浇油

经过了解，在家长会的头天晚上，同情和理解郭老师的家长在微信群里"好心办了坏事"。

家长群中多名家长表达了对郭老师工作的认同与支持，希望能够安慰在发布视频事件中受打击的郭老师，引得其他家长都跟风发言。媒介素养和危机意识淡薄的郭老师在群里与家长互动，感谢诸位家长对其工作的支持与理解，并表示不辜负家长们的厚望。

群里“好心”家长的支持和郭老师的回复，使杜小雨的妈妈感觉被孤立了，自尊心迫使她要将此事彻底闹大。这些微信群的发言分明是火上浇油嘛，难怪小雨妈妈如此愤怒。

俗话说，“有向灯的，就有向火的”，小欣妈妈就在群里明确支持小雨妈妈，家长们分裂成“两派”，麻烦更大了。为了防止事态进一步恶化，校领导把小雨妈妈、小欣妈妈请到学校会议室，和郭老师一起回应二位家长的诉求。

在经过两个多小时的交流后，二位妈妈接受了学校的意见：

——郭老师班级风采展示的安排是无心之举，没有回应小雨妈妈的质疑是心有疑虑，鉴于目前班级家长的分裂局面，作为班主任在班级微信群中向全体家长主动道个歉，彼此有个台阶。

——关于家长提出的郭老师“组织”的家长委员会不能代表全体家长、对学生不尊重不公平等问题，等待学校向学生进行调查，如果属实，再按照学校管理制度作出相应处理。

——从现在到期末考试期间，郭老师继续教五年级（6）班，确保学生顺利通过本学期期末考试，罢免老师的诉求暂时搁置。

事情再次朝着解决的方向运行。

满校风雨

然而，一波未平一波又起，传说中的“某队友”终于让我们遇到了。

这天中午，学校正在召开校务会，商量如何解决家长状告郭老师一事。小雨父母一同闯进学校，妈妈大声喊叫着：“姓郭的你给我出来！你凭什么动我儿子，你还敢打我儿子！这次说什么也不行，我饶不了你！我已经报警了，你就等着坐牢吧！”

小雨爸爸更是气愤地表示自己曾经是律师，公安局、新闻媒体都有朋友，郭老师和学校别想斗过他！

愤怒爆棚的小雨父母在学校四处寻找郭老师，这不仅扰乱了正常的学校秩序，也容易吓到学生，学校第一时间报警。

校园内鲜有这样的场景，老师们怕小雨父母的过激行为危害到其他学生，迅速让所有孩子回到教室，闻声而来的老师们也都纷纷回到教室看护学生。

学校的保安和领导都已经无法阻止他们的行为。幸好，警察及时赶到才控制住二人。

初步了解的情况是：郭老师不顾学生的感受，在全班同学面前指责小雨妈妈的做法，还把小雨推坐在地上。

这个“猪队友”！让学校之前所有的努力都白费了。

警察决定，带两位家长和郭老师到派出所协助调查。因为亲眼目睹了两位家长刚才的样子，临走时，学校一位领导嘱咐警察“要保证郭老师的安全”。听了这句话，小雨爸爸冲着郭老师就是一拳，还对说话的领导不依不饶，挥拳相向。郭老师被打倒在地，警察要是不拦着，说话的干部也得遭殃。

这场面真的是闹得沸沸扬扬，满校风雨。

再会家长

突如其来的变化，快得让所有人都始料不及。

在赶往校区的路上，我接到了上级主管部门的电话，家长报警称老师打孩子的信息很快由公安部门转到政府应急系统，引起各级领导的关注。校领导班子决定，等小雨父母履行完公安机关的笔录环节之后，务必立即约他们回学校面谈。

傍晚时分，小雨父母录完笔录来到校长办公室。我先请他们坐下喝点热水，吃口饼干。自我介绍，而且让他们知道我也了解他们夫妻的基本情况。

我开门见山：“无论如何，我们的工作没有达到让每一位家长满意，作为校长我深表歉意。您二位这么晚了，能回来听我说话，说明您一直没有放弃对我、对学校的信任。”

我进一步向他们阐明我的态度："从之前您二位写给全班家长的信中，我读出了一个母亲的焦虑、气愤，同时也读出了您二位身上的一种社会责任感，不愧是一位硕士、一位博士，我们相信你们做事是讲原则的、讲理的！我们解决问题，但千万别'误伤'自己和好人。"

此时，小雨父母的态度稍稍缓和了一些，我继续讲道："学校向您二位承诺，既然您二位希望走法律途径解决问题，学校会积极配合公安机关调查取证。即便你们和郭老师达成谅解，今后撤诉，学校也会通过问卷、访谈等途径调查，绝不轻易放过家长反映的任何问题。

"我们的上级已经了解学校发生的事情，对于老师工作中的问题和最近处置事情中所犯的错误，我们不护短、不回避。

"但是，我的确担心一件事。您的孩子在学校 5 年，相信您对学校工作和我们整个教师队伍是有您自己的判断的。就像您所说的'我们遇到了猪队友'，但这是我们的责任，出了问题不仅郭老师要担当，我们学校领导更应该面对。"

我直言不讳地拜托家长："你们两位都属于社会精英层，应该认同我们学校办学理念'推动社会和谐进步'的表述，懂得慎用媒体。媒体的杀伤对象如果是不称职的老师，那没什么可惜，但是如果误伤到敬业奉献的教师群体，就是对孩子、对教育不负责任，我爱惜学校的荣誉，更爱惜尊师重教的社会环境。"

小雨父母意味深长地看着我，未置可否。

我继续表明观点："问题总要解决，任何时候都要以孩子的健康成长为原则，老师和家长都要首先考虑每一个孩子的利益，因为大人之间的不同意见和激烈冲突影响孩子们的心理，得不偿失。"

我以自己 30 余年的工作经验，希望家长考虑郭老师带这个班级已经快 5 年的客观事实，理解广大家长对郭老师的支持，这件事可能让小雨被孤立，遭遇同学带来的心理压力，希望家长们在这个时候一定要保持理性。

我和家长交流到夜晚 11 点。共情沟通、换位思考、勇敢面对、直言不讳，终于换得小雨父母同意回去认真考虑我的建议。

变故频出

第二天小雨没来上学，打电话到家里询问情况，家长说孩子有点累想休息一下。但是学校判断家长是顾虑孩子在班里受到孤立。全班孩子和家长都目睹过小雨父母的“蛮横无理”，家长与老师之间的这出闹剧，搞不好就会演变成班级之间学生的团体孤立。

因郭老师被迫停职配合公安机关调查，五（6）班暂时由教导主任代课。五位家委会成员找到学校，继续力挺郭老师，质疑学校对郭老师的停职是对学生的不负责任。这些家长在群里与郭老师的互动，随时都会引发新的矛盾。

对此，学校顶着来自郭老师及其家属的抵触，积极、坚决地回应：

“各位家长朋友，大家好！关于郭老师此前的一些情况，需要进行调查。目前，郭老师处于停职阶段，在期末这段时间，学校从学生的角度出发，已经安排好相应的工作，请各位家长放心。希望大家在群里不要讨论相关事情。同时出于对郭老师的负责，学校希望郭老师暂时退出此群，等事情调查清楚后，会把相关情况和大家进行沟通，有什么事情可以及时跟学校联系，联系电话是……最后请家长们相信法律的公正，相信学校会对老师和社会负责，相信学校对每一位家长的真诚。”

因小雨家长担心孩子被孤立，孩子自身也惶恐不安，学校暂时让小雨到本部校区借读，也招来其他家长不满，有八位家长跑到学校理论：凭什么家长闹事，孩子反而被转到更好的校区去，我们的孩子却承受所有的结果！孩子期末关键时期，为什么非要换老师？学校凭什么支持“闹事”的人，却不管我们的诉求？学校领导不公平，欺软怕硬！

针对众多家长的疑问，我们耐心回复：

第一，学校是育人的地方。在突发事态面前，学校既要保证全班孩子期末正常复习考试，也要防止个别孩子因为家长之间的意见分歧而受到歧视。尽管是短期行为，但学校安排的两位代课教师是经过深思熟虑的最佳人选，现在谈论郭老师能不能回来教这个班没有意义。

第二，学校对老师是有要求、有管理的。在老师确实违反了学校制度，确实违反了工作纪律要求，确实需要配合公安机关调查的情况下，对老师进行调查处理是学校管理分内之事，绝对不会任由家长说处理与否，也不会向任何压力妥协。

第三，家长关心孩子、关注学校、包容教师学校非常理解，也很感动，但是家长焦虑、气愤的情绪，只会加重孩子心理的不安定，只能使被孤立的家长更反感。这样是支持理解学校，还是陷学校工作于更加复杂、更加紧张、更加对抗的状态？

第四，希望大家反思，事情发展到这一步，在座的家长有没有责任。你们在群里挤对个别家长、支持郭老师明显欠妥当的做法，是不是和郭老师一样，只能让学校付出的努力一次次付诸东流。

经过校领导耐心的劝解，八位家长终于离开了学校。

郭老师本该为自己的冲动与学校同频共振，如果确实存在师德或工作方法问题，学校也会根据调查结果依照学校规章制度作出处理，一切都是为了维护和保护教师。可是郭老师开始的态度和节奏，始终和学校不在一个频道。起初郭老师的家属也看不清问题的走势，帮了不少倒忙。

重建信任

虽然学校始终积极回应，努力促成问题解决，但小雨家长对学校仍旧没有足够的信任，不断将搜集到的“证据”发给校领导。试图坐实郭老师工作方法简单粗暴，以及默认家委会收取班费的行为。还将郭老师在派出所的一段视频发到微信朋友圈，声称因郭老师长期殴打学生，引起个别媒体注意，给学校打来电话询问事实真相。

学校及时公开工作的每一步进展，让家长看到学校积极应对突发事件的态度和行动，试图让家长理解学校的良苦用心：跟学生的健康成长比起来，任何组织和个人的荣辱都算不了什么。

元旦假期里，学校连续奋战，边调查边做老师的工作，指导郭老师正视问题。郭老师回想往日学校的要求和培训、学校对老师的严格管理和真诚爱护，自己和家人的防御抵触心理逐渐放下，表示愿意接受停职处理，积极配合学校调查。

元旦假期过后的第一天，我们约见家长，向其反馈学校的调查结果和处理意见。家长这时候不再像之前那样催促要结果了，显然冷静和理智了很多。

问题解决

经过长达一个多月的调解，事情最终得到圆满的解决。家长和郭老师达成相互谅解，分别到派出所撤回了自己的报案。

学校经过调查，家长反映的郭老师部分不当的教育行为属实，按照相关制度对老师作出了相应的处罚。

这时，对老师持肯定态度的多数家长，也理解了学校一分为二看待老师，关爱每一个学生的做法。

在这个过程中，每一位家长都进一步理解了学校办学理念中以“学生的成长为核心”“推动社会和谐进步”这两句话的深刻含义。

事件反思

一切从儿童利益出发

回归到整个事件来看，很多事情都是学校教育中的琐事，原本可以得到及时有效的解决，但这件事一再波折，事态不断失控，其复杂程度实在让人心力交瘁。

我在全校干部教师面前分享过以下心得：

第一，郭老师身上那些被家长普遍“接受”的教育教学行为，绝对不是孤立存在的。

长期以来，师道尊严深深地影响着我们的教育文化，我们会时常听到家长说这样的话“老师，孩子不听话您就打，没关系的，我支持!”我们也会有理直气壮地告诉家长“今天气得我可给了他一巴掌，您不会怪我吧?”，又或者“今天我可罚他到办公室给我站了一节课!”的情形。须知，在当今社会，在多元文化背景下，老师必须把对生命的尊重时刻放在心中，儿童不单单是家长的孩子、我们教育的对象，他们是与我们成年人平等的生命个体，我们要怀着对生命的敬畏跟学生对话。我们大家有一个共识：近年，多数“师德问题”出在“老教师”身上，这与他们传统的所谓经验和方法不无关系。我们大家也有一个困惑：对于成长中的儿童，可不可以有惩戒，如何把握惩戒的尺度?

第二，家长对老师不当的教育教学行为没有说不，不等于就认可。

小雨家长反映的微信中公开批评孩子问题，老师偶尔给孩子一巴掌(尽管当事孩子家长表示：我们能接受）等问题都不是第一次发生。郭老师教了 5 年，她的班级无论是学科成绩、戏剧活动、各种评比、班级氛围等各方面表现都很优秀。但因为之前有那些不妥当的行为，家长没有提出是有很多顾虑的，尤其是在事不关己的时候，就更不愿意提出。

但是，当这些行为不断积累起来，终究会有爆发的一天。我曾经问过一位朋友，她家孩子的老师有没有“动手”的时候，她小心地说：“有，我儿子太淘气，上次把老师气得拿起粉笔扔在脑门上了。”之后她还嘱咐我：您可千万别去说老师。试想，谁能保证这一个粉笔头不会引发小雨家长那样的爆发，又使得下一个郭老师倒下?

第三，小雨家长的过激行为是具有代表性的。

往往是上一秒还一片祥和，下一秒就是一场暴风雨。这里面反映出家长对学校的一种不信任，家长有问题要反映，又担心学校会包庇老师，最后不但达不到自己的目的，以后孩子有可能还被穿小鞋。于是用媒体压学校，用上级压学校。所以在处理问题的过程中，我明确表态：理解并支持家长走法律途径。同时我们不护短，第一时间向上级领导汇报这场家校矛盾。明确把学生利益放在首位，把社会的和谐进步放在心上。所以对老师的管理要防微杜渐，同时为家长提供表达诉求的平台。

第四，教师有意或无意造成的“对立”不仅无法证明自己的“正确性”，反而会令自己越陷越深。

老师遭到家长的批评和质疑不足为奇，这正是我们进步提升的契机。但是如果老师处在反对和拥护两种声音当中，那将是非常大的失误，甚至是极大的错误。学校必须独立行使对老师聘用和管理的权利，不能任由家长摆布。老师也应该正确地评价自我，谁也不能保证自己获得家长百分之百的满意，在个别家长提出意见的时候，委屈抱怨，想用大多数家长的拥护证明自己，只能让提意见的家长更孤立、更不安，更不顾一切地扩大杀伤力。

第五，同情包容、无私无畏，真正把孩子放在最前面，再大的矛盾也能够化解。

这起突发事件，激烈的程度是空前的，但是化解的速度和效果都是让大家没有料到的。在这个过程中我们对个体家长、对持不同态度的群体家长都能够理解和包容，始终用冷静和客观的态度去善待大家，尽快恢复大家的心理安全和信任。在整个过程中，学校领导主动作为，当事老师最终积极面对，同伴给予正确关怀，使得事态回到正确解决的方向。学校对小雨果断的保护，没有给矛盾留下升级的空间。

无独有偶，我还曾经成功地化解过一次家校危机。

事情是由于年轻的班主任一次调座位引起的。班里一个体形极特殊的胖姑娘，父母离异，抚养权归母亲，母亲改嫁后，孩子被寄养在姥姥家，孩子明显渴望关爱。一次课上交头接耳，被气不过的年轻班主任安排单独坐。孩子拍了照片发给妈妈，妈妈本来就觉得愧对孩子，这回母性大发。找学校控告班主任歧视，造成孩子的心理阴影，矛盾呈升级的态势。

这时候，我提出先把老师的问题放一边，看看我们怎么能更好地帮助孩子，孩子已经五年级，因为体形问题，渴望交流，需要自信。另一校区五年级一个班主任是全校最胖的老师，让这个老师跟孩子聊一聊，也许换个环境对孩子的成长会更好。结果孩子见到胖老师一下子就乐了，在新环境中重新找回了自信，阳光极了。家长原谅了年轻的班主任，这个班主任也从这件事中汲取了教训。

当然，我并不是主张发生了家校矛盾就要转学，我们学校校区多，有这样操作的可能，其他学校不见得具备这样便利的条件。我想表达的是，一切从儿童利益出发，成人之间的对与错、得与失都显得那么渺小。一切从儿童利益出发，会让我们智慧地找到解决问题的方案，并且促进自身的成长。

我特别想告诉家长朋友们，学校是教育的圣地，不是斗争之地，当家长与老师、家长与学校、家长与家长之间因为孩子的教育陷入斗争，我们的教育还能是纯粹的教育吗？是否偏离了一切为了孩子的共同目标？

小雨家长态度的反复翻转，家长群里的分派斗争，老师不合理的冲动，让这件小事不断升级。而综观整个事件，没有一方受益，小雨被迫转学，心理上肯定会受到创伤，家长们的斗争，导致班集体的裂痕和不团结，郭老师的冲动也让她的教育事业有了瑕疵，就连努力调节各方矛盾的学校，也难免受到声誉上的损害。

唯宽可以容人，唯厚可以载物。为人父母，授道为师，让教育回归教育，才是最好的教育。

附：

垂杨柳中心小学微信群管理“八要八不要”

1. 要以群主身份出现，不要做群里的普通一员。加入了你就要对这个群的文化负责。

2. 要尽量和每个家长保持等距离，不要和个别家长在群里私聊。必须聊的话题最好采取私聊方式。

3. 要传递面向全班或小组的信息，不要单独鼓励或批评某个学生。必须顾及家长的复杂心态，体现人文关怀。

4. 要防微杜渐及时管控，不要放任家长不良言论和情绪。也许一时疏忽就可能酿成某种事故。

5. 要及时回复家长信息或保持行为的一致性，不要忽冷忽热让家长没有安全感，尤其对弱势群体或对老师正有意见的家长。

6. 要与加入的其他学科教师沟通，不要出现教师行为的差异。一定保证教师间行为的一致性。

7. 要保持和家长的“专业性”交往，不要以班级或学生为名接收家长的钱、物。杜绝在群里表扬某某家长为班里做了某某事。

8. 要发反映活动内容或集体的照片，不要单独与个别孩子合影，尤其对长相突出或长得有特点的孩子。

被纸张划伤

题记

以身教者从，以言教者讼。

——范晔

事件回放

一年一度的“校园制作大赛”刚刚落下帷幕，二年级组的小磊和琪琪两位同学合作制作的“纸飞机自动折叠器”获得了年级组第一名！

看着孩子们和家长们在领奖台上满脸兴奋的样子，班主任刘老师不仅为这两个孩子感到骄傲，心里的一份“芥蒂”也彻底放下了。眼前这和谐画面，让刘老师再一次感慨万千……

一年前，因为工作失误，自己与小磊、琪琪及其两位同学的家长，曾陷入一场风波之中，使自己一度失去了对工作的信心。

美好的憧憬

刘老师不仅是个教学能手，更是学校的“三星班主任”，因为教育教学成绩优异，她每送走一个毕业班，肯定就会接手下一个“难题”。

虽说每一个“难题”到了刘老师手里都迎刃而解，但是毕竟教育要从娃娃抓起、好习惯要从小培养，等到高年级再抓确实有点晚了。于是，刘老师主动请缨，要求教一个“大循环”（小学教育教学工作中关于教学年级段的习惯性用语，“小循环”指教师只专门教授低年级或高年级；“大循环”指教师从一年级开始教授，直至学生六年级毕业），从一年级开始带一个新班，从小培养孩子们良好的学习习惯。学校十分支持刘老师的想法，同意她担任一年级的班主任。

接班以后，刘老师尽心尽意，虽说比原来的“小循环”从中高年级接班要辛苦，但她决心要带出个“像样的班集体”。效果很快显现，班里的学习氛围、行为习惯和其他班级相比，都要更胜一筹。

同事们问起刘老师的感受，她总是说“还可以”，然后就感慨：“一年级的老师真是辛苦，原来自己觉得接高年级不容易，这回自己‘从头接班’感受可不一样，万事开头难！不过自己还能适应。”

一年级的孩子们也给刘老师带来了很多在高年级感受不到的乐趣，刘老师说：“已经喜欢上这群小家伙了。”

吃饭惹风波

教授一年级虽然辛苦，但孩子们可塑性很强，就像一个干净透明的杯子等待着知识的灌入。

刘老师每天事无巨细，就连午饭时间也和孩子们在一起。

6月12日，午饭时间，生活委员小磊负责“督促”同学们的“光盘行动”以及吃完饭收拾自己的桌椅、准备午睡等行为。

班里的琪琪每天吃饭都特别慢，边吃边在教室里玩闹。小磊就提醒他：“琪琪，大家吃完饭就要午休了，你还闹着玩儿，专心吃饭！”

“再不遵守纪律，我可打你了。”小磊有些着急，“吓唬”琪琪。

琪琪两手一摊，一脸嬉笑地说：“那你来打我啊，我才不怕呢！”

小磊走上前，拍了一下琪琪的手，琪琪反手拍回去，然后为偷袭得逞哈哈大笑。

小磊马上向教室前面的刘老师告状：“刘老师，琪琪不快点吃完饭，我管他，他不听。”

“我可都看见了，打手不行，是不是得我打你屁股才管用啊，快去吃饭！”为催促琪琪抓紧吃饭，刘老师顺嘴说了句玩笑话。

过了一会儿，刘老师刚走出教室，琪琪又调皮地走上来捣乱，小磊就说：“你还调皮，刘老师说打手不行！”

一边说着，小磊一边顺手拿起旁边的一个书本冲着琪琪拍了下去。

琪琪用手一挡，没想到，看似平滑柔软的书本纸张，其边缘却是挺锋利的，一下子就把琪琪的手划了一道口子，血从伤口处流了出来。刚才还很开心的琪琪，见到手上流血就哭起来了，小磊也吓得不知所措。旁边的同学赶紧去喊刘老师。

老师的自责

刘老师赶到后，立即带琪琪到医务室找卫生老师，卫生老师说，问题不大，是皮外伤，用创可贴就可以。

回到教室，刘老师一了解情况，感到十分自责。自己刚才没有及时指导生活委员小磊的工作方法，不该对 6 岁的孩子那么随意地说玩笑话，无形中鼓励了小磊“动手”的行为，才出了用书本拍打同学这种事。

于是，刘老师把小磊和琪琪叫到一起，小磊眼泪汪汪地说：“老师，我不是故意的；琪琪，对不起!”琪琪这会儿早就原谅小磊了，连忙说；“没关系，没关系。”

刘老师告诉两个孩子：“刚才老师开玩笑的说法不对，老师也好、同学也好，以后咱们都不能动手，好好说话。”

因为学校反复强调一年级学生安全和家校沟通的重要，刘老师赶紧给琪琪父母打电话，说明孩子被纸张划伤的缘由以及卫生老师对伤口简单处理的情况，并深深表达了歉意。

琪琪的妈妈在电话里听说了情况，安慰刘老师道：“老师，没有问题，您别放心上！我们两人正在外面出差，孩子最近由爷爷奶奶带着，肯定挺调皮的，您严加管教。”

刘老师一颗悬着的心总算放下了……

爷爷奶奶的“问责”

第二天一大早，琪琪的爷爷、奶奶来到学校。进门时告诉保安“跟刘老师约好了见面”，进了学校却径直走进教室找到小磊，询问琪琪受伤一事，把小磊吓得不敢说话，只是哭。随后，琪琪的爷爷、奶奶又直奔校长办公室。

刘老师闻讯赶来，刚一见面，琪琪的奶奶就拉着刘老师，质问为什么让小磊打自己的孙子。

“你这老师是怎么教育学生的，居然指使学生打我孙子！我们在家从来没打过孩子，这手受伤了以后留下伤痕可怎么办！”

……

担心声音传到教室影响学生，刘老师不停地向两位老人道歉，希望他们能够冷静一点，并劝说他们校长不在，先到会议室坐坐，有什么话好好说。然而，琪琪的奶奶依旧不依不饶。

校区主管领导闻讯赶来，了解基本情况后，又是一番好言相劝，才将两位老人劝到会议室。

琪琪的奶奶提出要求：

——撤掉刘老师，换新的班主任。

——小磊和刘老师要当着全班同学的面跟琪琪道歉。

——琪琪受伤，需要赔偿精神损失等费用两万元，由学校、刘老师和小磊的家长共同承担。

刘老师这才真正理解了年级主任总是强调“安全！安全！沟通！沟通！”的重要，一年级家长和高年级家长的关注点可真是不一样。

可事情是由自己工作失职引起的，没有考虑到问题的严重性，只和孩子的父母沟通了情况，也觉得没必要上报学校。

刘老师对学校领导立即表态：“如果说需要赔偿，不关小磊和学校的事，由我一人承担。”

此时此刻，刘老师有些无奈，只希望能够尽快息事宁人。

校区领导的尽责

得知了事情来龙去脉，面对这样的情况，校区主管领导处理很是谨慎：

一方面，既要肯定刘老师的态度，但事情肯定不能这么简单处理，更何况，刘老师已经道歉，琪琪的划伤处理没有不妥，也没有医药费的发生。

另一方面，琪琪的爷爷、奶奶虽然正在气头上，但不能因为家长一“闹”，学校就妥协，两位老人在学校“大闹”“恐吓”小磊之举，更是不能纵容。

基于这样的分析预判，校区主管校长劝说道：“您二老的意见我们已经了解，这件事情，作为校区的校长，我在这里向二老保证，一定会仔细调查刘老师是否存在指使小磊打琪琪一事，并且最终给您答复。撤换刘老师的事，我们也需要根据调查结果作决定，在学期之中撤换老师，一定会对孩子们的学习造成一定的影响，咱们需要慎重考虑。给琪琪道歉的事，刘老师和小磊已经做到了，琪琪也说原谅他们了，您二老也别再跟着生气了。”

“至于赔偿问题，您要求赔偿两万元，刘老师就是答应了，等您气消了，发现咱不占理，也会后悔的。”校区主管校长继续劝说，“此外，您二老今天在教室直接面对人家孩子，不太合适。现在情绪这么激动，急坏了身体可就更不好了。这样，让孩子们和老师先安心上课，请您二位放心回家，等待我们来处理。”

琪琪的爷爷、奶奶一时找不到继续“闹”下去的理由，只得快快而去。

家访

下午放学之前，刘老师给小磊家长打电话，说明情况，是自己工作粗心大意，对小磊被琪琪的爷爷、奶奶责备表示极大的歉意。

万幸，小磊的家长非常通情达理。家长昨天发现小磊回家闷闷不乐，但没问出什么事来，看来也知道自己给同学带来伤害，非常自责。

“刘老师，您也不容易，我们愿意给孩子做一个好榜样，和您一起到琪琪家里赔礼道歉。”小磊家长的态度让大家心里暖暖的。

下午放学后，学校张主任、刘老师以及小磊和家长，带着一些礼品来到琪琪家里。琪琪的爷爷、奶奶怎么也没想到，学校领导、老师、小磊及其家长全都来了。

刘老师又一次地郑重道歉，小磊家长也表示自己的孩子做事太鲁莽，希望两位老人能够原谅孩子。

刚到琪琪家，小磊还有些怕，但是琪琪拿出自己的玩具叫小磊一起玩儿，渐渐地，就把为什么来的给忘了，大人的谈话丝毫没有影响到他们俩。

望着一起玩耍的两个孩子，张主任对琪琪的爷爷、奶奶说："这件事已经发生，希望大家能够彼此谅解，一切还是以孩子为重！学校也会对刘老师进行批评指导，请您二老原谅！"

学校、老师和小磊家长的真诚超出了两位老人的预想，一时不知道如何应对，只觉得张主任说的在理，就勉强接受了道歉，也收下了小礼物。大家都感到很欣慰。

空欢喜

6 月 16 日，刘老师发现琪琪没来上学，刚想打电话问一下，得知琪琪的爷爷、奶奶又来了。

离得老远，刘老师就听到老人家的控诉声："学校和家长联合起来糊弄我们两个老人，用点儿东西打发我们，可怜的孙子受人欺负！孩子手上要留了疤，等儿子儿媳回来，该怎么交代?"

见刘老师进来，两位老人家更是"来气"。"这样的人居然能当老师?日后能教出什么好学生?你们要么换老师，要么我们就不让孙子来上学了!"

当天，学校正在组织一个全国的教学交流活动，琪琪奶奶这样的哭闹影响极其恶劣。事情为什么会突然变成这样，大家已经没有心思去追究了。

刘老师很识大体，当即主动表示："学校怎么处理我都行，孩子父母不在，先满足两位老人的要求，让孩子先回来上学，今天大家这么忙，别影响学校的声誉。”

经过好一通劝解，两位老人才离开学校。

第二天，两位老人又来了。琪琪的奶奶哭诉，学校欺负老人，蒙骗他们，并扯出义务教育法来“威胁”。

学校决定，对于家长这种“校闹”行为，迁就不得。校区主管校长义正辞严：“昨天，你们逼迫刘老师停止教学，今天又来要钱，已经不占理了。这样在学校闹事，严重影响了学校的教学秩序，再不停止，我们将报警。”

看见有人拿出电话要报警，自知理亏的他们，只得离去。

事情变成这样，所有人真是百思不解、心碎不已。

真相大白

“转机”出现在第三天的早晨。久未出现的琪琪的爸爸、妈妈一早就来到学校。

见到校领导，夫妻二人满怀愧疚地说道：“实在是抱歉，我们昨天刚回京，两位老人家真是糊涂……我们俩工作性质的原因，经常出差，平时没空管孩子，孩子很调皮，两位老人确实是太溺爱了。

“事情刚一发生，刘老师就在电话里告知了我们。是两位老人家给学校添乱了，请学校接受我们真挚的歉意，让刘老师也别放心上，赶紧回班里给孩子们上课！”

在琪琪父母的一番解释下，事情终于“真相大白”。

昨天，琪琪的爸爸、妈妈刚到家，爷爷、奶奶就把孙子被人欺负、自己给孙子出气的事情“汇报”了一番。

因为孩子被纸张划伤的事情，刘老师之前通过电话沟通过。这后面发生的这些事，琪琪的爸爸、妈妈并没有只听父母的“一面之词”，又听琪琪把事情从头到尾说了一遍，包括爷爷、奶奶去了学校几次，老师和同学来家里赔礼道歉等。

琪琪的爸爸、妈妈还得知：学校来家访后，家里的远房表姐来串门，听说了这件事，就“撺掇”琪琪的爷爷、奶奶“不能就这么算了，学校是在欺负你们老两口儿”。

经过这么一鼓动，琪琪的爷爷、奶奶也觉得“不能就这么算了，得为孙子出气，让别人以后再也不敢欺负琪琪”。

表姐还继续给“支招儿”——不行就先不让琪琪上学，学校有义务教育法管着，肯定得妥协。

琪琪的爸爸、妈妈无奈地说：“又不是学校不让孩子上学，违法的其实是家长啊！您看老人家多糊涂。”

“没有主见，轻易听信别人挑唆。”琪琪的爸爸、妈妈意识到事情的“恶化”责任全在自家，除了跟父母摆事实、讲道理，又一早赶到学校赔礼道歉，还专门给小磊的家长打了电话，为自己父母的“糊涂行为”深深道歉。

事件终于得以顺利解决，所有人都为之庆幸。大家调侃刘老师：“真是一世美名险些化作泡影。”

而反思教训、总结经验，我们则更在其中品味到温暖、看见了美好。

事件反思

凝聚家校守望相助的力量

登上三尺讲台以来，特别是担任校长以来，我曾经历并处理过很多涉及家校矛盾的棘手问题，最大的感受是，如果没有家庭教育的守望相助，学校教育也难以真正做好。

家校共同体的构建应该面向所有家庭成员

“被纸张划伤”事件最终以琪琪父母的深明事理而圆满解决，在其中，我们品味到温暖、看见了美好，同时也在总结梳理中看清了事件恶化、矛盾产生的原因。

一个是“被遮蔽的原因”——源自琪琪家的远房亲戚不辨是非、不明事理、不懂法律的“撺掇”，导致原本较为圆满解决的事件再起波澜、性质转变，演化成一场典型的“校闹事件”。

一个是“被忽略的原因”——源自琪琪的祖辈参与教养下一代子女，其溺爱过度、观念滞后、轻信人言等常见的“隔代教养”弊端，对孙辈的成长不可避免地造成了一定的负面影响。

以上两个原因共同指向一个亟须正确对待、亟待认真解决的问题，我们办学育人理念中所倡导的“生命成长共同体”、教育实践中所构建的“家校共同体”，其本质上，应该是面向所有家庭成员的共同体。

即使抛开远房亲戚在血缘关系与家庭组织上的远近不谈，“祖辈参与教养下一代”不仅在我们学校，在整个中国家庭教育图景中，也因为有着深厚的文化传统和现实的生活土壤而成为一个极其独特的教育现象。

据媒体调查显示，我国有近一半的孩子是跟着祖辈长大的。无论是城市（“老漂”一族）、农村（“留守”一族），甚至在海外的华人家庭中（“海漂”一族），“祖辈参与教养下一代”比比皆是。

经验丰富、时间充沛、情感亲近……这些都是“祖辈参与教养下一代”的明显优势，然而，溺爱过度、观念滞后、方法陈旧等也是明显的缺点与弊端。

由此可见，如何真正发挥“祖辈参与教养下一代”的优势，克服其存在的缺点与弊端，是我们在构建家校共同体、推进家校共育中必须面对和亟待解决的一个重要教育命题。

家庭教育应与学校教育同心同行

在“人人皆可言教育”的现代社会中，猜疑与隔阂正在消解我们教育者的师道尊严。

与“纸张划伤”事件一样，我们也曾发生过因家长对学校工作不理解、对领导态度不满意、对处理意见不接受而导致冲突升级、矛盾升级的情况。个别极端案例中要求调换老师、转走学生而最终带来班级学生甚至家长的“分裂”，即便事件最后解决了，也留下诸多遗憾。

家庭教育应与学校教育同心同行，换言之，家长对学校育人目标的认同、教育实践的配合，实在是太重要了！

学校是育人的地方，应该是儿童成长的净土、社会道德的高地，但是如果担当教育使命的教师被迫远离师道尊严，甚至有时候不得不向学生和家长“妥协”，也许我们整个社会所失去的远比个体得到的要多得多。

往往，当整个雪山安静时，一切都是那么美好；可雪崩之时，没有一片雪花觉得自己有责任。关键时刻，家长能够理解学校的良苦用心，理性地配合学校处理问题，化解矛盾，希望这不是我们教育者的“奢望”。

父母的行为是对孩子最好的言传身教

家庭是孩子的“第一课堂”，家长是陪伴孩子最早也是最久的“老师”，能否帮助孩子扣好人生第一粒扣子，往小了说，关系到孩子成长、关系着家庭幸福，往大了说，关系到社会文明进步和中华民族的未来。

中国古代“元觉劝父”的故事，所表现的就是父母作为“榜样”给孩子所带来的影响。而在“纸张划伤”事件中，我们万分高兴地看到两位同学的家长坚持言教与身教相统一，为孩子带来了积极的、正面的影响。

在问题解决遭遇僵局之时，我们试探地寻求小磊家长的支持。小磊妈妈给了我们最积极的回馈，并一同前往家访、赔礼道歉，这让我们所有人都很感动。相信家长的这些优秀品质，一定会在小磊的身上传承和发扬。

琪琪的爸爸妈妈也是开明之人，处理事情有见识、有主见，在事件转入“闹剧”之时，是他们以坦诚的姿态推动事态最终以和谐的方式解决。

当思想开明之人与通情达理之人相交时，就会发生奇特的“化学反应”，原本是有矛盾的两个家庭，因为彼此的理解，最终成为朋友，这也使他们的孩子成为好朋友，并在“校园制作大赛上”获得第一名。

学校不是一个利益场所，更不是一个争斗场所，每当我们大人们“咄咄逼人”时，我们的做事方式就是在为孩子们做出样子，有可能是反面教材也有可能是正面表率。

如今，我们深切地体会到，越来越多的父母变得理性，遇事能够理解学校、理解教育者，这是我们长期熏陶、长期坚持和努力的结果，也是整个社会趋向和谐在我们身边的切实反映。“推动社会和谐进步”，我们参与其中、砥砺前行！

园丁在成长

题记

路不险则无以知马之良，任不重则无以知人之德。

——徐干

事件回放

周末急电

2018 年 9 月 16 日，周日，早上 8 点多，急促的手机铃声连续响起，正在开车的德育主任孟老师只好接起电话。

“孟老师您现在接电话方便吗？我们班有点急事想和您商量。”

电话那头五（1）班的班主任小鹿语气急促、语速极快，显然很是紧张。

“我给您发了几张截图，您先看看，然后我再给您打电话。”

孟主任心里一揪，今天可是周末，小鹿老师能为什么事这么紧张？她尽快将车靠边停下，打开微信，一张、两张、三张……看完六张截图，她的心已经提到了嗓子眼儿。

这是五（1）班小张同学妈妈发来的信息，大意是：在四年级下学期，班里的小刘同学曾对小张同学在女卫生间里做出了“出格行为”。作为小张同学家长，要求对小刘公开处理。

凭着之前的工作经验，孟主任立刻意识到，这个问题如果处理不当，双方家庭和两个孩子可能还会面临更大的伤害。而且又是周末，无法第一时间见到两个孩子面对面地了解情况，不能当即介入调查。

想到这儿，孟主任不等小鹿再次来电，立刻把电话打了过去：

“小鹿，你发的截图我看过了。别着急，要冷静处理……

“咱们现在见不到两个孩子，家长情绪又很激动，你现在马上给家长回电，我们首先倾听家长了解到的情况，拜托家长先行和孩子深入了解情况，然后对小张同学家长进行安抚，代表学校表态，作为班主任和学校我们一定调查到底。

“你一定要跟家长好好解释、仔细说明，因为是周末，孩子不在老师身边，不能第一时间向孩子了解情况，希望家长相信老师和学校，周一老师和学校会找两个孩子深入、细致地了解情况。对家长能够冷静地和老师沟通此事要表示感谢，谢谢家长对咱们的信任。”

……

压力暂缓

班级学生发生这样的事情，年轻的小鹿还是头一遭碰到，她意识到，跟“校园暴力”“校园欺凌”沾边的事情，如果处理不好，后果可能难以想象。

按照孟主任的指导，小鹿立即联系了小张的妈妈，对家长焦急的情绪进行安抚。家长倾诉事情经过情绪很激动，特别强调要公开处理小刘同学，让小刘公开道歉，甚至想联名其他家长让小刘转班。

小鹿果断而机智地提出“需要用一至两天的时间来调查事情真相”，并与小张妈妈约好周一早上在学校见面。

随后，小鹿又立即联系了小刘的家长。小刘家长说，已经了解小张妈妈那边的情况，可自己听孩子说“只是和对方开了个玩笑”，并不知道事情具体是怎样的，并表示周一可以来学校和小张家长当面交流。

因为事情还没有调查清楚，双方家长贸然见面，万一话不投机导致矛盾再升级，情况就更复杂了。所以小鹿老师对小刘家长诚恳的态度表示感谢，让他们先等待学校调查，不要着急来学校。

当晚，孟主任与小鹿老师再次就事件的性质预判、调查的方式方法、解决的程序办法等在电话中进行深入沟通，并将相关情况整理汇报给学校有关领导。

周一调查

周一早晨，按照学校领导、孟主任、小鹿老师之前的商定办法，孟主任陪同小鹿老师接待了来校的小张父母。

交谈中，除了解到两个孩子之间发生的事情，小张家长还反映出小刘与其他同学相处时的一些问题。

显然，家长已经不像之前电话里那样焦虑了，理解老师需要就事情进行调查，提出："如果情况属实，坚决要求小刘在全班公开道歉。"

当天中午，小鹿老师分别找来两个孩子以及知情同学询问，了解到的具体情况和小张妈妈反映的情况基本一致。小刘的确以"表演小品"的形式，让小张做了一些不该做的事情，好在小张虽然胆小但是很聪明，假装实施了一些行为。

放学后，在孟主任的指导下，小鹿老师向小刘的爸爸致电并叙述了事情调查情况。

"孩子在家没说实话?!"听得出来，小刘爸爸对自家孩子的这些行为也感到十分震惊，当即表示愿意配合学校工作，真诚地向对方孩子及父母道歉，回去会好好教育自己孩子。

再度沟通

事不宜迟，孟主任和小鹿老师再次约了小张家长。听了老师反馈的调查结果，说到孩子被欺负的情节，激动、愤怒、落泪不止，沟通几乎到崩溃边缘。年轻的小鹿老师一时束手无策，好在学校的领导全程关注着问题的解决，及时地从旁介入和指导。

气氛稍微缓和一点，孟主任将话题转到小张身上。

"事情发生这么久，我们大人才发现，说明张同学胆子小，与父母沟通不及时，把心事藏起来，这个问题比同学之间发生的问题更应该引起我们的关注。

“作为家长，我们既要在生活上当好爸爸妈妈，更要在心灵沟通上成为孩子的朋友。每天除了照顾孩子的生活起居，学校发生高兴的事，不高兴的事，别人发生的大事小事我们都可以和孩子聊。

“沟通可以是非正式的，在不经意间了解孩子在学校、在活动中，与同学交往中的成功和烦恼。这次小张能够把事情告诉我们大人，是一个多么大的进步，我们应该为孩子的成长进步感到高兴。

“我们一定要帮孩子妥善地解决好曾经发生的问题，让孩子真正走出同学之间造成的心理阴影，这需要我们大人的智慧，而不是带着焦虑的情绪，搞不好以后孩子就更不愿意把心里话告诉我们了。”

……

孟主任的一番劝解让小张父母“听进去了”。经历了一番“激动—平静—感动”的心绪波动，小张父母感觉还是老师想得周到，愿意听从学校的建议。

顺势，孟主任和小鹿老师表达了学校的三重意思——

首先，事情发生在学校，老师却没有发现，我们有责任，为此代表学校和老师真诚道歉。

其次，在学校与小刘家长沟通的过程中，对方家长第一时间就提出要当面道歉，是学校觉得在没有完全调查清楚事情来龙去脉，也没有一个稳妥的解决方案时，如果贸然让双方家长见面，反而可能不利于问题的妥善解决。

最后，事情发生以后，家长第一时间联系老师，依靠学校，对于这样的信任，我们十分感谢。两个孩子都是我们的学生，对于孩子犯的错误、存在的问题，我们有责任、更有义务去帮助和教育。

听了孟主任和小鹿老师的表态，小张妈妈反过来安慰起了小鹿老师：“这件事与老师无关，鹿老师自己还是个大孩子呢，带领、管理这帮孩子也真是不容易。您还要和对方家长说，孩子已经错了，千万别打骂孩子，高年级了，孩子都有逆反心理期，别回头弄得适得其反，这次让她知道错了，得到教训就行了。”

最终，学校和小张家长达成一致：一是让小刘在全班同学面前向小张道歉；二是小刘家长也要来学校向小张家长道歉。

晚上，按照学校的部署和孟主任的指导，小鹿老师又联系了小刘的爸爸，向他转达小张家长的两个诉求，表明这也是学校的意见。小刘爸爸非常配合，表示一定做到并做好。

一整天，在学校的统一调度与安排下，孟主任指导着小鹿老师持续地分别做两边家长工作，事情的解决向前迈出了可喜的关键一步。

公开道歉

按照学校的意见，第三天的上午，小鹿老师指导小刘修改了道歉信，希望能通过修改这封道歉信，让小刘进一步意识到自己错误的严重性，以后都不会再犯。

在这封道歉信中，小刘简要叙述了事情的经过，对小张表达了歉意，并保证今后不会再有这种行为。

小鹿老师虽然年轻，但也是一位有智慧的老师，为了实现以公开道歉的形式化解两个孩子、两个家庭之间的矛盾，进而起到教育全班学生的目的，她特地将这次“公开道歉会”设计成一次“微型班会”。

小鹿老师以一个社会中发生的自护小故事作为切入点，让孩子们集体讨论分析，从社会过渡到校园，最终引出本班发生的事件，让孩子们说一说“如果自己是其中一位同学，会怎么做?”

孩子们大多是从受欺负那一方思考的，有的孩子说：“我会说我有事儿，赶紧从厕所跑出来”；有的孩子说：“我会打她一下，然后趁机跑出来”；有的孩子说：“出来以后就把事情告诉老师”……

当小鹿老师问道：“如果你是开玩笑的那个同学呢?”

同学们纷纷说：“这个玩笑太过火了”“不能开这样的玩笑”……

借着孩子们分析事件的机会，小鹿老师告知每一位学生：“玩笑不能开得太过火，当玩笑变成伤害别人的工具，一样也是犯错误的，轻则受到批评，重则要接受法律制裁。”同时也告知每一位学生：“遇到事情后，不要害怕，要有勇气保护自己，在学校发生事情找老师，回家后要告诉爸爸妈妈。”

为了让小刘可以深刻地改正自己的错误，小鹿老师紧接着引导：“这位同学知道自己错了，想当着咱们全班同学的面跟被她伤害过的那位同学道歉，得到她的原谅。”

小刘走到全班同学面前，对着小张读了道歉信，并诚恳地鞠了三个躬。在全班同学、班主任、学校领导的见证下，小刘进行了公开道歉。小张也表示愿意原谅小刘。

班会之后，小鹿老师再次联系小张妈妈，向她详细说明了道歉会整个过程和效果，并征求他们什么时间与小刘家长见面，接受他们的当面道歉。小张妈妈和爸爸当即表示：“既然孩子已经道歉了，就不再需要家长的道歉了。”

当天晚上，小张家长又给小鹿老师发了一条长长的消息，表示愿意原谅小刘，给孩子一个改错的机会，就不用对方家长再出面道歉了。

得到小张及其家长的原谅，小刘家长如释重负，对小鹿老师、对学校的守护与公正、对小张家长的大度与包容再次表达了深深的谢意。

一场险些酿成更大风波的事件至此圆满解决了。

事件反思

让年轻教师在“问题一线”中“摔打淬炼”

从周日至周二，在学校的指导下，年轻的小鹿教师一刻不停歇地在两个孩子、两个家庭之间作化解矛盾、解决问题的努力，最终功夫不负有心人，事件的结果与效果令所有人满意。

我们不由得感慨，“孩子啊，在你们成长的过程中，哪一步不是陪伴着家长和老师们的泪水、汗水和心血呢”！

“公开道歉”事件的圆满解决，也留下了许多可回味、可探讨、可总结之处。在我看来，至少给学校提出了三个值得思考的课题。

一、怎样表达办学育人的立场

“公开道歉”这件发生在学校里的公共事件，其解决的核心不仅在“调查还原‘现场’以获得真相、判明是非”，更在于解决此事的“立场”——引导两个孩子、两个家庭对于事件“个体判断”逐步引导至学校对此事解决的“教育阐释”。

因此，学校通过调查的方式还原“现场”、获得真相、判明是非后，就问题的更好解决，及时、适时向家长表明了学校办学育人的立场——“事情虽然出在孩子之间，但发生在学校，我们有责任”，“两个孩子都是学校的学生，我们有责任、更有义务去帮助和教育”——即学校考虑任何问题、作出任何决定以及认识和处理“公开道歉”这一事件所处的地位与所抱的态度，始终是站在孩子的立场上的。

而在整个事件的实际处理过程中，我们也一直保持站在孩子的立场上毫不动摇，从双方家长不同角度进行公开、公平、公正并且真诚、透明、耐心的沟通，既将“立场”时时彰显表达于外，又将“立场”处处隐藏实践之中；既不回避学校立场与家长立场的可能与实际的相左相异，也不迁就家长立场而迂回婉转甚至虚与委蛇，而是以最大限度地启发与共识为目标，努力推进问题的解决，加之双方家长明是非、讲情理，最终使得在两个孩子、两个家庭受伤害最小的程度上使事件得到和解。

二、怎样把握事件处理的时、度、效

有人可能会问，“公开道歉”这件事情解决过程中，学校会不会太拖沓，应该“快刀斩乱麻”，马上解决。

其实不然，有些时候、有些事情，“从快处理”并不是最好的方式，因为孩子需要时间来“认识”与“消化”自己的不足或是错误。

而这个过程中，孩子的心理变化是非常微妙的。要把握好度，只有不紧不慢、恰到好处，才能让犯错误的孩子切身体会到自己给他人带来的伤害和痛苦。

当然，如果处理得太慢，学校“无作为”，孩子认识错误不深刻，教育就会无效，那么事态就会“升级”，进而导致难以想象的后果。

同时，小鹿老师以微型班会的形式落实“公开道歉”，这一具体处理方法也特别值得称赞与欣赏。

如前所述，我们从孩子的立场出发，问题的解决与公开的道歉，并不仅仅是要惩罚孩子，更是要帮助孩子真正认识到自己的错误以及带给他人的伤害。

如果采取“召集会议、直接‘讨伐’、公开‘宣判’”的方式，且不论直接公开事件可能会在班级同学之中造成的强烈震动与负面影响，单就这样的“教师直给”方式来说，也不利于孩子真正认识错误和两个孩子、两个家庭之间的真正和解。

微型班会的形式，在进一步淡化“讨伐”“宣判”“赔罪”的意味的同时，强化了“公平共商”的班级氛围，孩子们公开、自由且对事不对人地集体讨论、集体分析，不仅能让小刘同学清醒认识到其他同学对其行为的看法与评价，也能让小张同学在获得同情的同时汲取来自同伴支持的勇气与自信。

三、怎样培养和促进青年教师成长

类似“公开道歉”的棘手事件，在学生之间、家校之间难免时有发生，因此，坚定的立场、敏锐的洞察、清晰的思路、得力的举措……不仅应是学校领导及中层干部所具备的，更应该成为全体教师队伍的集体意识、集体智慧与集体行动。其实，在整个事件中，小鹿也积累、学习到了班级管理、家校沟通的很多方法和经验，学生在成长的同时，老师也在成长。

在遭遇“公开道歉”类似事件时，青年教师（班主任）因为阅历不足、经验有限等原因，难免临阵怯场、不知所措。作为学校领导及中层干部，此时不能以“我替你上”而大包大揽，应该将青年教师（班主任）放在解决问题的第一线上，给予方向上的指引、精神上的鼓舞以及具体处理方式方法上及时的指导与必要的援助，做好他们的“坚强后盾”，让家长们看到我们青年教师（班主任）有能力、有智慧、有担当，遇事不乱、处事不惊、章法有度。

“路不险，则无以知马之良；任不重，则无以知人之才。”要坚持将青年教师放在教学一线、育人一线、科研一线、班级一线、家校一线、问题一线“六个一线”中“摔打淬炼”，努力培养锻炼出一支基本素养够扎实、在岗在位在状态、大事面前不怯场、关键时刻顶得上、独当一面意识强、团体协作配合好的教师队伍，以在教书育人实践中真正实现争做“四有好老师”、当好“四个引路人”的要求与目标。

和谐看得见

题记

物之不齐，物之情也。

——孟子

事件回放

习近平总书记在谈到新时代进一步加强和创新社会治理问题时指出，“只有人与人和谐相处，社会才会安定有序”。学校是社会的重要组成部分，是联系千家万户的纽带，当各种社会问题出现在学校之时，既带给我们必须直面和解决的问题，也带来了我们发挥“小手牵大手”的独特作用，引领社会和谐进步的重要契机。

我们愿把学校比作一个生命场，在这里除了教书育人，还有更多的使命和角色，下面我要讲的三个故事，都有一个共同的特点——让我们看见了和谐。

优秀教师成“被告”

邱敏老师是我校一位有着30年教龄、曾获得“紫金杯”班主任特等奖的语文学科高级教师，无论是对学生的爱，还是对学科教学的钻研精神，在学校都堪称“一面旗帜”。可就是这样一位教师，那天却被家长给“告”了。

邱敏老师新接的五年级有一位“特殊”女生小田，准确地说，应该是小田同学的家长比较“特殊”，自己过着“二人世界”生活，平日里把孩子放在姥姥家里，很少过问孩子的情况。

可这样一对平时对女儿“不闻不问”的父母，只要一见到孩子，就会问这样的“老问题”——“有没有谁欺负你？有没有什么事让你不开心？爸爸妈妈为你做主！”

对这个“老问题”，家长也不是光问问，而是“启发引导”，一定要“打破砂锅问到底”。每次到最后，小田都会苦苦哀求“请你们别问了……”

然而，小田这样的回答，更是激发了家长的“好奇心”：“是不是你们老师不让说？是不是你不敢说？你说，咱们谁都不怕，爸爸连以后的工作都给你找好了！”

这对父母的核心观点是：“我的孩子早产，在保温箱里待了 50 多天，活下来就不容易，所以不能挨欺负。”

就因为这，从一年级到五年级，小田的父母就是班里的一颗“定时炸弹”。

孩子的姥姥在其中也没少跟着为难，每当误会过后，姥姥总是向老师及相关家长道歉说：“您千万别跟我闺女一般见识……”

小田也经常向老师表达心中的苦恼，连周末都不愿意回父母家，认为姥姥家才是自己家。

无数次的教训都没有让这对夫妻醒悟。

周四一早，邱敏老师就发现小田情绪有些低落，早读的时候小田开始干咳，老师让孩子喝水、调整呼吸，然后到楼道里走走，但是各种尝试都不能让小田的干咳停下来，邱敏老师只好联系家长，请他们带孩子去医院看看。

家长来到学校不耐烦地询问情况，小田只是咳嗽一直不停，又拒绝跟妈妈去医院，执意要姥姥带着去看病。这时邱敏老师才听出来，小田的姥姥、姥爷已经去天津了，要几天后才能回来。邱敏老师猜出了什么，但是也不便“说破”，毕竟孩子咳得厉害。

这时，家长不由分说地拨打了急救 120，小田见妈妈打电话叫急救车，一下子晕了过去，不省人事，咳嗽也戛然而止。

120 急救车很快到了现场，邱敏老师因为不放心，也跟着去了首都儿研所，忙活了大半天，看孩子留院观察的手续都办妥了才返回学校上课。

回来的路上，邱敏老师一路都在纳闷，怎么小田到了医院，尤其是听说姥姥从天津往回赶以后，怎么一声也不咳了呢？

下午放学，邱敏老师领着全班学生往外走，一眼就望见学校大门口的小田父母，身边还站着一位身材粗壮的男士。令人匪夷所思的是，小田父母的目光明显躲闪着邱敏老师。

邱敏老师送走其他学生后主动上前打招呼，了解小田的情况，家长说孩子没事。继续询问家长的来意，说是来找主任问点事。邱敏老师看情形也不便多问，就说："您找主任，走，我带您上楼。"

到了教导处，主任好像知道家长的来意："您来啦，坐吧，邱敏你先去办公室等我。"

邱敏老师感到莫名其妙，小田的父母还有那个自称其弟弟的粗壮男子究竟约主任要谈什么，就这么带着疑惑，她回到办公室，等待主任的回复。

过了很久，邱敏老师终于等来了主任。经过询问得知：

原来小田在医院经过一系列检查，什么毛病也没查出来，医生说可能是孩子有心理问题，于是家长带孩子去看心理科。据说，心理医生给小田催眠后进行了一番交流。医生的结论是：孩子可能受到过惊吓，具体什么原因也没有发现。交流中，小田说自己曾经被老师单独叫去办公室……

于是家长断定：是邱敏老师把孩子叫去办公室，孩子受到惊吓，引起咳嗽不止，甚至怀疑邱敏老师就是怕孩子说出实情，才一直跟到医院。

学校已经应家长诉求，查看了学校监控，没有发现小田被邱敏老师带走的情况。学校向家长承诺还会找邱敏老师和同学调查，请他们也再听听自己孩子到底怎么说。学校向小田家长介绍邱敏老师的为人，让他们回想邱敏老师接班以来，小田口中的邱老师以及自己与邱老师打交道的体会，劝他们对医生的意思也再好好想想。

可家长笃定：孩子在催眠状态下跟医生说的一定没错。

听了主任介绍的情况，邱敏真是哭笑不得。她跟主任表示，明天可以随便调查学生，而且可以调取任何时间的学校监控录像，自己绝对没有过将小田单独叫去办公室的情况。自己即便有过与小田单独相处的机会，也绝对不会有任何交流会让小田害怕。

第二天早上，还没等主任调查，学校门口的家长以及来到教室的孩子都在议论：小田妈妈昨晚上从学校一无所获之后，又给几个家长打电话，调查邱老师把小田单独叫去办公室的问题。

小田姥姥打电话给邱老师，告知经历昨天的折腾，想让孩子在家休息一天，周一再上学。邱敏明白：父母把孩子又推给姥姥了，小田的目的终于达到了，这周末又可以不回自己家了。

而主任想把调查结果反馈给小田父母，却怎么也联系不上他们了。

周五下午两节课后是老师的教研时间，可是大家话题却集中在小田父母这件事上。大家你一言我一语，都认为邱老师是“好心被狼吃了”，不能就这样算了。

邱敏老师本来就血压高，常年靠吃药控制，昨天的事让她吃了药还是头晕脑胀。同组的老师又心疼又来气，劝道：“下周一的课我们帮你上，你休息两天，有人问就说邱老师给累病了、气病了……”

面对大家的关心，邱敏老师十分感激，并宽慰大家：“这点委屈算什么呀！”

邱老师又说：“我周一无论如何不能休息，周末这两天我得赶紧把血压调好了，周一无论如何不能倒下，我一倒下，没准有家长和学生会责备到小田家长身上，到时候最难受的还是小田。希望我们班的孩子内心都是纯净、感恩、包容的，而且能影响到家长。”

邱敏的话深深地感动了同事们，虽然被家长误解，但她始终坚信：世界上多一个好人就少一个坏人，少一个坏人就少伤害无数好人。一个好人能影响带动一片，而且能代代相传。

周一，小田由姥姥送来上学了，邱敏老师一切淡化处理，把“篇儿”

翻了过去。

此后的两个多月时间里，小田的父母从来没在学校露过面，期末考完试，邱老师收到了小田妈妈的一个短信："邱老师好，看您每天那么忙都不忍心打扰，您血压高的毛病好点儿了吗？中医医院有个老大夫专治这个，要不我帮您约个诊，趁着这几天去看看……"

微信风波

学生升入五年级以后，杨老师所教的班级在学校每月一次的口算活动中成绩不佳，远远落后于其他几个班。杨老师和全体同学都憋了一股劲，不仅进一步强化练习，还共同总结口算的方法与窍门，准备在下一次活动中打个翻身仗。

功夫不负有心人。在第二次口算活动中，全班进步幅度惊人，甚至大多数同学都得了满分。

杨老师一高兴就在班级群里发了满分同学的照片。没想到，这张照片没迎来赞叹，却引来了大麻烦。

照片刚发送一会儿，马上就有家长询问自己孩子口算情况。杨老师也没多想，又继续把自己统计的得分名单、错题数等拍成照片，发到了班级群里。

中午时分，杨老师在教室里照看学生们用餐，这时班级群里出现了一条语音留言。按理说，杨老师之前要求家长有事情发文字，大家在群里从来都不发语音交流的。

抱着疑惑，杨老师走出教室一听，是一名家长的声音："杨老师，我知道我们家孩子学习不好，你发这个是什么意思？"

杨老师还陶醉在孩子们进步的喜悦中，没想到把这位家长惹怒了！杨老师心想，孩子上次的情况您不是不知道，这次有了这么大的进步，怎么还怪我？可是毕竟是家长群呀，她就在群里用语音说："对不起！我确实欠考虑，真的对不起！"

杨老师以为道了歉就没事了。一会儿语音又出现了："你什么意思呀？

在群里道歉!”

这时，杨老师急得汗都出来了，眼泪直在眼眶里打转。冷静两分钟后，杨老师还是决定给家长“私信”，用文字的形式给家长再次道歉。

小琴同学家长：您好!

的确是我考虑不够周到，失误啦，真抱歉！我只想着让家长了解孩子们这次口算进步的情况，没想到会让您心里这么不舒服。细想也是，我看的是全班，而您肯定最关注自己孩子。谢谢您及时跟我说，没拿我当外人，给我提了个醒，我肯定会接受这次教训，这也是促进我提高。您放心，您女儿很努力，学习态度值得同学们向她学习，今天我还鼓励她再接再厉呢，您看我们下次的成绩。

杨老师的诚恳道歉，取得了家长的谅解。

后来，杨老师在和同事分享这个案例的时候说道：“发道歉信息的时候，我也很委屈。可是想想，确实是自己考虑不周，给家长带来了焦虑，甚至是伤害。”

其实，听到那个家长的语音之后，也有其他家长给杨老师私信，劝解杨老师。有的家长说，自己听到杨老师受委屈都哭了，还有的家长给这个孩子的妈妈打电话，让妈妈劝这个孩子的爸爸。

杨老师给安慰自己的家长们回复信息：“不怪家长，确实是我考虑问题不周到，确实是老师做得不对。”

放学接孩子的时候，孩子妈妈替孩子爸爸向杨老师道歉。杨老师微笑着说：“孩子和以前比很有进步，再加把劲会更棒的！她爸爸也是一时着急，我也是考虑不周，都是为了孩子，我们共同努力!”

当天晚上，孩子回到家也听父母说起这件事了，第二天上学时，很明显地有些胆怯，眼神里有种不安的神情。杨老师细心观察到了孩子的细微变化，课上通过创设轻松、愉悦的情境，通过走近孩子、鼓励的眼神等肢体和表情语言让孩子知道，老师没有在意那件事。

经过师生的共同努力，孩子们的学习又有了新的进步，小琴同学因学习态度好被评为班级榜样。杨老师用自己的生命阳光，照得集体中的每一个同学都灿烂绽放。

“微信群事件”发生后，杨老师的班级凝聚力更强了。家长们看到了杨老师面对问题能够从家长的角度考虑，是真爱孩子，也更支持老师的工作了，真正实现了“家校拧成一股绳”。

家长“举报”

开学不久后的一个中午，李主任接到了六年级卢老师班里一名学生妈妈的电话。电话里，家长气愤地指责老师“罚孩子背课文”“老师故意让孩子出丑”“老师就是看孩子学习不好，对孩子有偏见”“老师偏袒学习好的学生，甚至故意偏袒外地的孩子，因为老师自己就是外地人”……一通抱怨之后，电话就挂断了。

收到这样的举报电话，李主任也很意外，电话没有来电显示，事情的来龙去脉还没弄清楚呀，而被举报的班主任卢老师，是学校四年前择优录取的外地留京研究生，工作期间一直表现很好。上学期刚刚生完宝宝，因为惦记自己班的学生们，提前结束产假就回来接班了。家长和孩子们见到提前回归的班主任喜出望外，那情景似乎还在眼前。这么一个受欢迎的老师，怎么突然变成这样呢？这里面一定有原因。

午饭后，李主任找到卢老师想了解点情况。可还没开口，卢老师就哭了。原来，家长在给学校打电话之前，已经给卢老师打电话发泄过情绪了，在电话里也是指责，甚至还夹杂着谩骂，卢老师很委屈。经过交谈，李主任听出这里面家长对老师有很多误会，该怎么解决呢？于是，李主任请学校的全国优秀班主任郑老师帮忙支招儿。

第二天，郑老师把卢老师请到办公室，和她分享了自己年轻时候被家长误解的一件事情。郑老师说，当时自己也很委屈，后来主动到孩子家做了家访，通过真诚的沟通化解了误会。郑老师还跟卢老师分析了这位家长产生误解的可能原因：或许家长也有自己生活中的不如意，或许她遇到过不公平，从而把这种情绪迁移到孩子身上，误认为老师对孩子也可能是不公平的，等等。总之，遇到这种比较深的误解，最好的方式就是去做一次家访。为进一步鼓励卢老师，她又举了几位青年教师主动通过家访同家长化解误会的例子，这更加坚定了卢老师大胆解决问题的决心……

令人欣喜的是，郑老师告诉我，卢老师当天晚上就去家访了，与家长的沟通很成功。

这是卢老师发给郑老师的一条微信信息：

“郑校长，感谢您今天的点拨，晚上我带了一点水果去了孩子家里，和家长很好地沟通了一番。通过了解我意识到，确实有我思考不到的地方，站在家长角度，我十分理解家长说出的问题，我们沟通很顺畅，家长也很感激我能去她家，这回我和她都没有误解了。其实家长和我一样，昨晚也是一晚没睡好，感谢这次事件，让我又勇敢地迈出了一步；感谢家长让我又有了成长进步的空间；感谢您和学校，为我指点迷津，担待我的不足；感激一切，最好的安排。这个孩子我会一如既往地关注关心关爱他，期待更好的我和他。感谢，让您费心了，早点休息。”

郑老师对卢老师的家访表示了赞赏，她回复说：

“……你用自己的真诚感动了家长，赢得了家长的理解和支持，没有家长愿意和老师成为敌人，你用真诚成功地化解了一次家校风波。我也为你的努力而感动，你能放下自己的顾虑，用本应该照顾小宝宝的时间去和家长真诚沟通，好样的，为你的沟通成功点赞！”

读了这两条信息，我的内心很激动，我为卢老师走出了“家校风波”而高兴，更为我们学校优秀的管理团队而骄傲！

就这样，一场家长“举报”就在家访之后化解了。卢老师在这场风波中，走进了家庭，走进了学生心里，走进了家长心里，理解了家长；而家长也在家访中读懂了老师的用心、用情，读懂了学校的理念。

事件反思

让家校和谐成为“看得到的真实”

这些年，家校矛盾成为令很多学校、很多教师苦恼的问题——家长对优质教育的呼声高，但对优质的认识却摇摆不定：既希望学校是学习和成长的场所，又不时把对食品安全、空气质量、环境污染等社会问题的担忧波及学校……近些年，家长到学校“兴师问罪”的情况也是屡见不鲜。

一方面是家长抱怨老师不如从前，一方面是老师羡慕过去时代的家校关系，觉得孩子不好管、不让管、不能管，家长不好惹、不敢惹、不愿惹。有些时候，家长们的抱怨是合理的，问题确实存在；有些时候，因为认识偏差，则纯属负面情绪的宣泄。但归根到底，那些都是个别现象。我们和家长因为共同的育人使命走到一起，能够服务、帮助和引导家长，更显出我们存在的意义。

在这三个案例里，有家长对经验丰富的老师的质疑，有对老教师的不满，也有对年轻班主任的举报……讲起这些故事，局外人觉得不可思议，但对于教育人来说，简直就是稀松平常。

以上案例中的三位老师，虽说算不上“拯救世界”，但是他们都在营造一个“爱的生命场”。面对家长的责备，我们的干部、教师没有将问题激化，而是将委屈埋在心底，最终用对孩子成长负责的真诚，成功地化解了家长的不满，打消了家长的疑虑，获得了家长的理解。顺着学校每天发生的这些事情看进去，每一件都能体现着我们为“塑造自尊自信、理性平和、友善有爱的社会心态”所做的努力。

“让生命阳光般灿烂”是学校的办学理念，作为教师，我们应该精心陪伴孩子们的成长，让他们生命阳光；作为学校，应该精心呵护、指导老师的成长，使他们顺利工作，享受教育的快乐，生命阳光；在此基础上，携手家长形成合力，不仅为孩子的成长扫平障碍，更是为促进一个个家庭幸福、社会和谐作出贡献。

“让生命阳光般灿烂”，突出教育对生命的关注。生命是教育的原点，也是教育的归宿。我们认为学校应该是一个有机的生命组织，在这个组织中，学生的成长是核心，教师、家长的携手是纽带，加以社会各界的协助，形成学生成长、教师发展、家庭幸福、社会和谐的生命成长共同体。“推动社会和谐进步”，体现着垂杨柳中心小学教师团队的家国情怀和社会责任担当。

有努力就有回报。这些年，我们学校规模不断壮大，先后整合并入了六所学校，和集团其他成员校相比，学生数最多，近四千学生背后的家长群体，文化差异大，诉求多元，但我们将每一次与家长的不期而遇都变成了资源。

我们相信：自己拥有生命阳光，才能给别人带来光亮。

我们相信：和谐看得见，并愿意为此付出更多的智慧和努力。

附：

垂杨柳中心小学家校沟通密钥

一、高度重视、包容接纳

要给家长“说话”的平台和机会，即使家长说出的是误会、是愤怒、是质疑、是偏见，抑或是出格的指责谩骂。第一时间展示自己的认真态度，要收起自己的情绪，要一直平静地关注家长，全神贯注地倾听，准确判断家长来意。

倾听过程中，无论对方的诉求多么不通人情和不讲道理，对方的态度多么嚣张蛮横和不可一世，都要认真记录。这样做，不仅是展示教育者的文明素养和高尚的职业操守，也是第一时间传递友善，让对方觉得：你很重视，他很重要。

二、平心静气、少作辩护

在家长陈述的过程中，如果家长没有要求你作出解释，那么，此时你要做的就是接着往下听，不作任何解释，以免激化矛盾。

如果家长停下来要求给出解释，你也要以情况还不清楚，要等自己调查之后负责任地回复为由暂时不作解释，少为自己作辩护。要知道，此时，对一个几乎失去理性的人，最大的需求并不是知道真相，而是要将自己一肚子怒火尽快都宣泄出去。百般忍耐和接受抱怨一样重要，这是一个平抑家长情绪和需求的过程。

三、真诚对待、报以感谢

在等待家长的抱怨全部宣泄完后，要先对家长表示一下感谢。

通常的表达包括："非常感谢您的真诚，您能花这么多时间，对我们的工作直接提出宝贵意见，是对我的信任。"或者："非常感谢您直接提出的这些意见，对我们改进工作太珍贵了，很多是我们自己都没有想到的，听得出您对这些问题是有认真思考的。我们一定会认真对待。"

其次，要承诺一定认真对待家长提出的所有意见和建议；或者承诺要对家长所反映的事情经过进行调查，以便认真改进；或者承诺向领导反映家长的意见。

四、寻求帮助、团队协作

面对家长的抱怨、投诉或质疑，老师要收起自己的郁闷情绪，向同事、领导寻求帮助。也许在你面前难以解决的抱怨、投诉或质疑，身边同事就是过去的亲历者，领导更能站得高、看得远，对你指点迷津。

学校中没有孤立的个体，在面对家校难题时，领导和同事永远是你最亲密的战友。无论是有心之过、还是无意之举；无论是遭受冤枉、还是受到委屈，和领导、同事站在一起，就有了战胜挫折和困难的智慧和勇气。

五、不计前嫌、以德报怨

对待曾经给你提过意见，有过抱怨或误解的家长，具体问题有则改之，无则加勉，宽宏大度，保持友好，始终如一，不计前嫌。

事实上，造成一个人情绪化的原因不是单纯的，总是会由多种因素综合到一起才爆发。可能恰好孩子在学校出现了问题，就成为一个不期而至的"导火索"。而你，恰好就是那个"倒霉蛋儿"。因此，当面对一位情绪激动的家长，如果不是事情本身原因所致，你要考虑其背后的复杂动机，自觉给予人文关怀，做好一个倾听者。做到以德报怨，你就是对方生命中的贵人。

六、反思改进、积累经验

最后，一定要记住，每一次面对家长质疑，尤其是那些富有挑战性的问题，都是你珍贵的学习机会。经验需要积淀，经历就是财富，对经历进行反思，用经验改进工作，就有了我们自身的专业成长，从这层意义来讲，我们应该感谢那些倒逼自己进步的家长。

家庭教育篇

孩子解围

题记

为了孩子，我的举动必须非常温和而慎重。

——马克思

事件回放

校门口的争吵

“又是平稳顺利的一天。”看着孩子们陆陆续续被家长接走，所余无几，轮值巡视的张老师由衷地感到欣慰。谁知刚转身想回办公室，就听到校门外传来吵闹声。

张老师循声而去，只见两位家长吵得不可开交。

一位妈妈冲着一位奶奶连哭带嚷道：“你孙子经常欺负我儿子！”

而奶奶也不甘示弱：“谁欺负你儿子了？你们总诬陷我孙子！”

旁边两位小男生不知所措地望着家长。

旋即，妈妈一手拽住儿子的肩膀，一手指着对方孩子，声音依旧高八度：“说，他是怎么打你的，打哪儿了？说出来！”

这瞬间的变化，孩子可能尚未来得及反应，如今被妈妈一吓，更加支支吾吾地说不出一句完整话来。

于是，妈妈彻底把火撒在儿子身上，甩着哭腔数落道：“你说话！你说呀！怎么这么窝囊！你在家是怎么跟我说的！怪不得人家欺负你！”

孩子眼泪汪汪，低垂着头，大气不敢出。对方家长也不罢休，抓着这位妈妈的话把儿强怼：“还来冤枉我们！什么时候欺负你们了？”

眼看着双方家长越说越激动，张老师赶紧上前打断：“两位家长都先冷静一下，别吓着孩子。有什么话，我们到学校里去说，好吗？”

与两位家长一起回办公室的途中，张老师了解到，俩孩子是一年级同班同学。据这位妈妈说，前一天对方孩子就打了她儿子后背，都快把孩子疼哭了，当天就跟对方家长说了。当时对方也是妈妈来接的，态度很好，认了自家孩子不对，这事儿就算过去了。谁知今天对方孩子又把她儿子打了，这才去理论，偏偏这位奶奶死活不认。

而据这位奶奶说，平日两家孩子并无多少瓜葛，前一天她家孩子和另外几个同学玩闹追逐，嬉闹过程中不小心误拍了一下对方孩子的后背，儿媳妇昨晚上已经训诫过自己孩子了，所以今天绝不可能故意再去打对方孩子的。难不成，这么小年纪，还会因为被妈妈训了几句，就去记恨同学吗？

听着对方的辩解，这位妈妈的气又上来了：“难道是我讹上你们了吗？难道是我儿子故意编造事实吗？”又转过头非常严肃地跟自己孩子说：“怕什么，有老师在，你原原本本说出来，说他怎么欺负你的。”从校门口开始吵架一直到这一刻，孩子紧张的心从未放松过，依旧害怕得语无伦次。

张老师只得再次劝解：“两位家长都先消消气，冷静冷静，事情总能解决的，别把孩子吓着了。今天咱们先不说了，让孩子也调整一下情绪，梳理一下记忆。明天我找两个孩子了解具体情况，再来解决问题。二位觉得如何？”

两位家长对视了一会儿，又看了看自己孩子战战兢兢的样子，虽然不太情愿，还是勉为其难地答应了，各自带着孩子先行回家。

出人意料的心愿

第二天，张老师同时找来两个孩子谈心了解情况，原来根本没有家长说的那么严重，孩子只是出于自我保护的本能，在跟家长陈述事情时不够全面客观。

第一次的确是一个孩子打了另一个孩子的后背，不过是在一群孩子嬉闹时的误伤；第二次是前者想跟后者打个招呼，谁料和其他同伴嬉闹惯了，出手没轻重，善意的招呼在后者看来又变成了挨打。

于是，张老师和颜悦色地与两位孩子讲述了同学之间应如何相处，一起讨论了产生矛盾之后的解决之道，还就前一天两位家长之间发生的争吵事件，交流了各自的认识和看法。

整个过程非常顺畅，两个孩子认识到位，互相鞠躬道歉，握手言和，并保证以后一定互相谦让，好好相处。张老师欣喜异常，因为这一切的发生，作为老师的她没有做任何命令或者暗示，就在师生间平等真诚的交流之后自然而然地发生了。

事情到此算是解决了，张老师嘱咐孩子回去后要将这次交流的结果，特别是自己的认识，向家长汇报，之后就让他们回教室。可两个孩子互相看看对方又看看老师，欲言又止，迟疑着慢慢转身。张老师见状，又问："孩子们，是还有问题吗？"

俩孩子转回身，使劲点点头说："老师，我们两个的问题解决了，可是我们还有个心愿，还想让家长也和好，您能帮我们吗？"

一番话让张老师又惊讶又感动，幼小的心灵竟如此细腻，想得如此周全，于是马上承诺"一定帮孩子达成心愿"。

孩子才是最好的"黏合剂"

第三天，在张老师的邀约下，双方家长如约而至，从进门的状态可以看出他们仍对前事耿耿于怀，余气未消。

一方的奶奶带来了儿子儿媳，另一方的妈妈也喊来了丈夫，都是有备而来。还未落座，双方就开始争执起来，都想占据主动权，各说各的理，而且越说越高声，越说越激动。

张老师赶紧打断他们："大家能不能先坐下，先听我说说。如果听我说完，你们还觉得非要争个子丑寅卯来，你们再接着吵。"办公室里瞬间安静了下来。

"在这件事的处理上，我真觉得我们大人还不如两个孩子。先别嫌我话说得不好听，我来把昨天跟两个孩子交流沟通的情景还原一下，相信你们也会跟我有同感。”

于是，张老师给家长讲述了昨天解决问题的过程中两个孩子的表现，最后讲到两个孩子让老师帮助达成的心愿：希望家长之间也能和好，也能成为朋友。

讲完，张老师故意顿了顿，看家长们的反应。显然，家长们也被触动了内心柔软的部分，沉吟不语者有之，面露惭色者有之，眼睛湿润者有之。

张老师趁机说道：“现在，你们是否愿意帮助孩子达成心愿？如果都愿意心平气和地沟通，我就把两个孩子找来，让他们看到我们家长友善和睦的一面，抹去他们心灵上的那道阴影。”家长们纷纷说好。

孩子们来了，并肩站到家长跟前儿，首先对自己的言行让家长误会担心并造成家长之间的矛盾，表示道歉；其次向家长承诺，今后一定友好相处，希望家长也能和好，成为好朋友。

孩子们的单纯、善良和真诚感动了家长，他们不再互相指责，都很坦诚客观地承认自己做得不对的地方，表示很高兴以后两家人做朋友，又嘱咐孩子今后要团结友爱，互相帮助。

至此，一场由孩子引发的家长之间的矛盾，又被孩子纯洁无瑕的心灵化解了。

事件反思

放手让孩子去经历

和本事件类似的事件，大概每个学校都曾发生过，而且未来也还会发生，因为它的确十分平常，但如果处理不好，又很容易无端激化，上纲上线。此类时有发生却又非常重要的“小事”，是校园安全和危机处理中避不开的痛点，也是每个教育人都要懂得如何灵活应对的难点。

具体到本事件，我们该如何看待家长的过度保护？该如何看待小孩子偶尔不慎引发的矛盾？又该如何去理解孩子们之间的处事之道？本事件最后凭借心思细腻、懂得关爱的当事小孩儿，主动化解了危机，如果没有他们相助一臂之力，我们又该如何替双方家长成功解围？

每一次护子行为都值得被尊重

当下，配合学校教育共生的家庭教育存在的主要弊端，不全是过度保护，也有重视与保护程度不够的问题。且不论当前义务教育年龄段孩子有一大批留守儿童，或者处于单亲家庭、隔代教育家庭，单论那些能和父母一起生活的孩子们，一大部分家长对孩子的陪伴时间尚且不足，更遑论每天能够做到悉心关爱孩子的学习、生活和心理状态。

尽管当前各个学校普遍重视校园安全，对顽皮和挑事的学生也大多给予更多关注，但毕竟老师人手和精力都有限，整个校园也总有包括公共卫生间在内的监管不到的区域，所以校园霸凌仍然时不时见诸报端。而霸凌是一个需要学校和全社会高度重视、鲜明反对、严密监管和全力扼杀在萌芽状态的恶现象，需要家长们倾注更多关爱在孩子身上，辅助学校：每天都和孩子真诚交流，关心孩子的身体、精神和心灵状态，一旦发现异常，须及时和校方取得联系，确定孩子显现异常的原因。

具体到本事件中，虽然和校园霸凌没有任何关联，但这位妈妈关心爱护自己孩子的初心，无疑是值得肯定的，这也是我们在家长会上、家长微信群里等不同场合，多次、反复提及共同关爱孩子、抵制校园霸凌的主题，所取得成果的一个证明。

当然，本事件中，家长直接找对方家长理论的做法并不可取，两个都是护子心切的家长，碰撞起来，只会把矛盾升级，更何况家长们一边争执一边让孩子“观骂战”，更是错误的方式。这位妈妈，几次逼问孩子事件真相，对孩子紧张、惶恐、惊怕的心理全然不顾，不仅以错误言行在孩子面前做了错误示范，而且给孩子心灵造成一定影响。

孩子的每一次经历都是一次成长

其实，低年级段的小孩子之间，有点小摩擦是再平常不过的事了。就拿最简单的“打招呼”举个例子，有些好动的孩子或者和对方本身关系比较好的孩子，他们打招呼不是走到前面端端正正说“你好”，而是喜欢“偷袭”，直接扯对方肩膀拉过来，或者拍一下后脑勺，或者出其不意在耳朵边来一声惊吓，反正自己怎么喜欢怎么来，不会顾及对方接不接受、喜不喜欢被吓一跳，所以很容易因为打招呼这件小事而闹矛盾。

某种程度上，孩子间闹矛盾本身也是一种成长经历，家长不用过多去干涉，事事都包办，甚至直接出面代替他们去解决矛盾。大部分时候，孩子和小伙伴闹矛盾，哪怕当时“发誓再也不和他玩了”，过不了多久，他们仍然会和好如初。一旦在一段时间里过不去这个坎，还在“记着仇”，我们就要积极引导，让孩子学会宽容，体会与人做朋友的乐趣，毕竟每个孩子都有寻求合群的天性。特别是当对方前来道歉时，要鼓励孩子大方地伸出友善之手，给对方一个暖暖的拥抱，继续做好朋友。这会是一种奇妙的体验，原谅，接纳，友谊回归；这还是一次很好的思想境界提升，让孩子变得更有胸怀和气度。

孩子间矛盾的化解，每一次经历都是一次成长。孩子们会在平和顺意与矛盾纠葛中学会人际交往，在一次次解决问题的实践中积累面对困境、化解矛盾的经验，为以后人生路上的发展，种下饱满成熟的种子。家长们要相信孩子、相信学校，给孩子留有成长的时间与空间。

小学阶段是孩子交往能力培养的“重要一站”，与同伴的交往是为其走向社会做好准备的“重要一课”。在交往中，孩子之间难免会出现矛盾，甚至会暴露孩子潜在的弱点与问题，比如性格暴躁、暴力倾向等，如果家长、学校过度保护，不仅会让孩子的交往能力因“受挫”得不到应有的发展与提升，也会让相关潜在的弱点与问题延迟了爆发时间，待到中学阶段再因学业压力、升学焦虑所掩盖，会越积累越麻烦。所以，孩子之间交往出现矛盾，学校不能简单地把问题推给家长之间去解决，家长也不应该因事情发生在学校，就简单地把责任加载到学校和老师身上。

孩子之间发生矛盾甚至欺凌现象，双方家长都要相信学校、依靠学校，给学校自信、给老师自信，而不是给学校和老师很大的压力，让他不能以一个为人师长的身份来教育孩子。当家长失去对老师、对学校信任的时候，老师的尊严，老师为人师表的一切，在孩子面前就不容易施展。

化解家长间的因故不和

本事件中，两个孩子情商表现优异，主动请求老师帮忙化解家长间的矛盾。撇开这个因素，如果家长们因为孩子间存在误会导致的矛盾而闹不和，我们又当如何调处家长关系呢?

长期以来，家校合作不畅是困扰我国学校教育的一大难题。好在随着社会的发展，人们的视野得以拓展，学生家长参与教育的意识逐步加强，对建立良好家校合作关系的渴望越来越强烈，这一诉求也在教育行政层面得以体现。2015 年 10 月教育部印发《关于加强家庭教育工作的指导意见》(教基一〔2015〕10 号)，明确了家长在家庭教育中的主体责任，要求学校强化家庭教育工作指导，共同办好家长学校。

家校合作实践中，首要问题是信任。当家长把家里的宝贝交给陌生的学校、陌生的老师，他们的心中充满了担心：学校怎么样？老师是不是公正，是不是有足够的责任心，是不是有一碗水端平的爱心，是不是有爱的能力？……信任的建立需要足够的时间，在充分信任之前，这些担心无时无刻不在家长心中萌动。一旦孩子出现常情常理之外的表征，质疑和诘问就会随之而来。

在家校合作中，有一个共同的中心点，那就是孩子的成长。在建立信任的过程中，始终把孩子的健康成长摆在核心位置，以共情心充分理解和尊重家长的想法与意见，以真诚、平等之心和赤纯、火热之爱为凭借，敞开心扉认真沟通，晓之以理、动之以情，顺利实现沟通成效。

本事件中，张老师先是中止正在进行中的激烈争吵，然后把当事双方带往较为私密的场所——办公室，途中以共情之心充分理解两位家长的爱子心切，在孩子状态不好、不能提供有效信息的情况下，给出第二天了解详情、认真解决的承诺，稳住家长劝其回了家，并在第二天从孩子口中得到确切反馈，积极引导孩子认识错误并重归于好……整个过程，给出了针对此类问题一套近乎标准的解决方案。

如果最后没有孩子们对家长间主动求和的渴望和心愿，我们也应该自觉地把消解两家家长的龃龉、使之握手言和当成一个课题去应对。

首先，创造机会让当事家长一起面对面交谈。管理学大师彼得·德鲁克说过："人无法只靠一句话来沟通，总是得靠整个人来沟通。"有关资料表明，在面对面的沟通中，来自语言文字的社交意义不会超过35%，也就是说，有65%是以非言语信息传达的。实际上，非言语信息比言语信息更能打动人。当矛盾涉及甲乙双方，甲既可以邀请乙共同前往某地面谈，也可以主动去找乙；而一旦涉及三方以上，那么最好是拟定一个最佳会面地点，创造条件让当事方全都聚在一起面谈。

其次，继续以为了孩子成长为中心，以同理心为先导，真诚地和家长们沟通。详细而准确地说明发生在孩子身上的事情，精准地给出对这件事情的性质定义，是属于什么类型的矛盾或者误会，提出对这件事情的解决方案，并诚恳地征询家长们的意见与想法。如若家长对解决方案有异议，则进一步做沟通说明工作，本着一切以孩子成长为中心的原则，调整优化出最佳解决方案，并在方案实施后及时告知家长事件最后的处理结果。

再次，站在孩子的角度，尝试化解家长彼此的心结。心理学家武志红在一次采访中说："从理论来讲，无论是国内的心理学家，还是国外的心理学家，在研究中国人的心理时，都把'面子心理'列在了第一位。"家长之间一旦产生矛盾，要破解这个矛盾，横亘在其上的第一座大山就是面子问题。我们在尝试化解家长彼此的心结时，首先要照顾到的也是成年人的面子。这需要很高明的说话技巧，"借坡下驴"不失为其中一种，而这个"坡"自然是孩子的成长需求。几乎所有的家长都有一个共同的软肋，那就是自己的孩子，拿孩子的身心健康成长作为立论依据，不仅是家校合作的现实根基，也是劝解家长的一道"通灵符"。

最后，我们还可以尝试让家长亲眼见证的方法，卸下家长间彼此树立起的心墙。让已经重归于好的两个孩子，一起做一件事情，比如玩趣味游戏、共同完成一项手工等，让当事家长躲在孩子们不易发觉的位置，观察孩子们重拾友谊后的天真、可爱、快乐，以此感化家长。

总之，只要牢牢把握住家校合作“一切为了孩子的健康成长”这一中心，以同理和共情为先导，以真诚沟通、平等互谅为基础，以事实调查和全面考证为依据，及时发现问题，科学解决问题，积极培养家长对学校和老师的信任，始终凝聚家长对家校合作的热情，就能在学校、老师、学生家长三者之间找到和谐共进的默契方法。

要不要报班

题记

无欲速，无见小利。欲速则不达，见小利则大事不成。

——孔子

事件回放

9 月 1 日早晨，新学年的铃声又敲响了，历经了一个暑假的宁静，校园里又迎来了同学们的笑语欢声。

这时候，谁也没想到校门口的保安打电话到办公室报告：“学校门口聚集了六七位家长，要求一定要和校长见面。”

这才开学第一天呢，孩子们还没有正式上课，家长们能有什么着急的事情要向学校表达诉求呢？

“外行”质疑“内行”

原来，暑假期间有不少孩子参加了一些校外培训机构举办的补习班，我校一位三年级的学生在培训班的语文课上，被培训机构辅导老师提问的语法知识给难住了。

面对没能回答上问题的孩子，辅导老师特别夸张地一通感慨：“你怎么什么都不知道？你是哪个学校的？你们老师怎么没教啊？以后小升初到了中学怎么跟得上？这不补习怎么成！”

一连串的追问，让孩子和家长都如坐针毡，对“错失”的知识点感到焦虑不安，也为自己及时报班学习感到万分庆幸。辅导老师的这番言论也被家长分享到微信群里，带动了这个班的很多家长，都给孩子悄悄报了课外补习班。

如果只是这样的话，也就没有后面这些风波了。

随着孩子在课外的补习，家长感觉孩子有了明显的进步：在补习班上，答题速度和正确率大幅提升，还可以拿起一篇文章就很快地把中心思想写出来，原来判断不出的修辞和语法也都熟练掌握了，得到辅导老师的高度赞扬。

于是家长们以为在补习班里学到的知识，都是学校老师不会或不教的内容，是学校教育教学的“盲区”。

实际上，这些补习班里所谓的专项训练，是简单追求结果式的学习，并不是语文学习的全部。孩子们阅读理解能力的提升，绝不是一蹴而就那么简单，一味地强化训练，不利于阅读能力和兴趣习惯的培养。

但是，家长并不具备教学专业知识，盲目相信了培训机构辅导老师的说法，想借新学期要求学校调换语文老师。

缓兵之计

面对突然而至的一群家长，大致了解情况以后，作为学校领导，我们承诺：会尽快给家长们一个满意的答复；至于调换语文老师的要求，需要给学校两周的时间研究决定。

面对这样的突发情况，我们当然不可能只是被动地迎合家长的诉求。

我校三年级教研组的李老师，就曾经成功地“抵制”了校外培训机构对学生及家长不负责任的“诱导”。

当发现越来越多的学生参加校外补习，家长们开始质疑学校老师的教学水平时，李老师先是及时和家长沟通，稳定住家长们的情绪。随后利用家长会，分析了补习班的教学模式，罗列出让孩子超前学习的利弊。再通过自己的课堂实录，帮助家长了解新课标的要求和老师的教学设计。

同时，李老师坚持倡导“授之以鱼，不如授之以渔”的家教理念，指引家长通过亲子阅读、亲子社会实践等陪伴方式，丰富孩子的课余活动和精神体验。

后来，在全区期末质量抽测中，那些上了补习班的孩子并没有凸显什么特别的优势，这更进一步地证明了李老师教学理念的正确性。

在李老师的坚持下，她的班级很少有人再报班补习文化课。孩子们跟随着老师徜徉在知识的海洋之中，参加丰富多彩的阅读实践活动，爱上了语文学习，爱上了中华传统文化。

李老师的成功告诉我们，“强内功”是把孩子拉回课堂、让家长相信学校的最有效力量，不仅能让孩子在学校“吃得好、吃得饱”，更能给予家庭教育恰当的干预，自觉抵制社会上那些不负责任的“诱导”。

所以，李老师安慰这次被家长质疑的语文关老师和该班教数学课的班主任：“不用慌！我们提前举办这学期的‘校园开放日’，让家长们在开放日上自己找答案。”

开门教研

家长们酝酿了一个暑假的群情激愤，需要有力的回应；学校三年级教师团队组合需要得到家长的认可，这更是关系到今后几年教师队伍建设的大事。为此，教研组长带领大家开展了一次别开生面的“同课异构”活动。

这次教研中，李老师和关老师把课堂搬到了学校小礼堂，请来了两个班的家长，观摩两个班的孩子上同一节课——相同的教学内容，不同的教学风格，课后各自阐述自己的教学主张。

活动还请来了学校的语文特级教师和一位校外机构的老师，四位老师开诚布公地对话，巧妙回应了家长的质疑，涉及语文教学改革的方向、课外补充学习什么、如何评价学生的语文学习能力和学业水平诸多问题。

教研活动之后，班主任邀请开学那天来找学校的家长，听取学校的意见反馈，家长们无一例外、一致表示：“谢谢学校，不用回复了，给学校添麻烦了！”

反思自己两个班的教学工作时，关老师认识到，接新班一个学期以来，确实在与家长沟通方面，两个班级不太均衡——自己当班主任这个班，家校沟通较及时，另一个班级则很不到位。事后，关老师在注重家校沟通的同时，与同伴的合作意识也得到了加强。

事情已经过去一年多了，关老师依然教着原来那两个班的语文课，家校之间的问题似乎再也没有发生过。对这次事件的解决，可谓“四两拨千斤”，教研组长和老师们在实践中专业的态度，标志着我们教师队伍的成熟与自信、勇气与担当。

事件反思

超前教育：“抢占先机”还是“透支未来”？

随着生活水平的提高，人们越来越重视孩子的教育问题，为了不让自己的孩子“输在起跑线上”，家长一般都会给孩子报一些课外培训班，少则两三个，多的五六个。

家长焦虑助长培训暴利无序

据上海市质量协会用户评价中心发布的《上海幼儿早期教育（0～6岁）状况调查》报告，近6成的沪上0～6岁孩子已参加各类培训，其中4～6岁上早教比例已超7成；孩子每周上课超2小时，家庭在培训课程上的平均年花费为17832元。

《北京晚报》一篇报道显示，北京市五年级、八年级学生参加课外培训机构的比例分别达到60.5%和58.4%。其中，45%以上学生每周参加课外培训机构的时间在5小时以上。

课外培训班就像一个“魔咒”，让不少家长和学生一一“入坑”。英语、数学、编程再加一项体育运动几乎成了男孩子的“标配”；英语、舞蹈加绘画则成了女孩子的“常态”。而在朋友圈里，家长的焦虑之言也是“一浪高过一浪”。

不管是为了上一所更好的学校，还是想在新学期取得一个更好的学习成绩，很多学生家长都把他们的孩子推向五花八门的超前学习班。家长们希望这些辅导班可以帮助自己的孩子更加轻松地完成学校的学习任务，可他们却不知道这样的良苦用心，可能会成为孩子痛苦的根源。

素质教育强调的是学生的创新精神和实践能力，以培养学生的兴趣爱好和独立人格为目标，注重孩子与他人沟通交流和掌握基本的生活常识，并不是将孩子训练成一个熟练的应试机器。过早地给孩子更多知识的灌输和训练，可能会“透支”孩子的学习潜力。

人生是一场考查耐力的长跑，每个人在有限的时间里追赶自己的目标。如何成功地培养孩子，让每个家长都感到焦虑。为了在人生这场马拉松比赛中取得先机而抢跑，为了眼前的表面成绩而用力过猛、急于求成，只会弄巧成拙，最终伤害孩子学习的积极性。

“别让孩子输在起跑线上”的口号，已被大量的事实证明，只是辅导机构的商业营销，有些路看上去是条捷径，实际上却是一条难以回头的弯路，甚至可能是一条“不归路”——只知道“别让孩子输在起跑线上”，却不知道让孩子究竟跑向哪个方向、哪个终点。

超前教育乱象屡禁不止

新东方创始人俞敏洪就极力反对超前教育、难题教育。他曾说过：“6岁的人学15岁的东西，我很不感冒。”孩子的成长过程就像一棵树，施了大量化肥可能会迅速成长，但到后期会发展成病态，这也是中国很多小天才长大后爆发力差的原因。

尽管教育部三令五申，要求规范校外辅导班，不得向学生提前教授高年级的学习内容，可是超前教育的乱象总是屡禁不止。因此，重视超前学习对孩子的危害，指导家长适度科学地安排孩子的课外学习，也成了当今教育工作者回避不了的责任。

超前教育容易让孩子丧失对知识的新鲜感。

让孩子过早地接触到高年级的学习内容，并不能提高孩子的学习能力和思维水平，反而会影响孩子们在课堂上的表现，使他们消极地对待学习，上课不用心，下课不尽力，甚至产生厌学情绪。最后“老本吃尽”，虽有奋起直追之心，却无迎头赶上之力了。

曾经有人对美国田纳西州一个公立学前班的孩子，做过一次长时间的跟踪调查。

调查结果表明，与那些没上过学前班的孩子相比，这些参加过学前班的孩子在进入幼儿园以后，表现出了更加优秀的学习成绩。

可是，当他们进入小学一年级以后，他们各方面的表现变得不再突出，甚至开始对上学产生抵触情绪。

到了小学二年级，他们的学习成绩更加糟糕，学前班的经历越发呈现出负面的影响。

调查人员告诉《纽约》杂志说：“让这么小的孩子就掉到枯燥的课业之中，他们比其他青少年更容易失去对学习的兴趣和热情。”

超前教育还会扼杀孩子们天然的想象力。

孩子们拥有天马行空的想象力，如果过早地干预孩子的学习生活，将孩子的想象力和创造力束缚在标准答案的条条框框之中，就会限制孩子们自由想象和培养兴趣爱好的发展空间。

面对同一个问题，没有参加过超前班的孩子的答案总是多种多样，各不相同的。而超前班的孩子们只会有相同的“标准答案”。过早的教育，占用了孩子们正常的娱乐时间，让他们失去探索未来的多种可能。

超前教育往往违背孩子的成长规律，超出了他们的心理承受能力。一味地让孩子去背诵记忆枯燥难懂的知识点，会让其感到不适应，形成消极的思维定式，对孩子在学校正常的学习生活，造成了不可逆转的负面影响。

“助跑不抢跑”

在垂杨柳中心小学每年的入学新生中，也总会有一些“早教过度”的“超前生”。这些六七岁的孩子往往表现出比其他儿童更“聪明”的样子，但是各方面的习惯养成却存在严重问题：

有的注意力不集中，容易沉浸在自己的世界里；有的群体适应性差，容易和其他小朋友发生冲突；有的孩子喜欢表现，但是经不起挫折……

这些问题都与不科学的早期教育有关，家长盲目信奉培训机构，让培训机构代替自己对孩子的陪伴。这些孩子的家长期望值往往很高，唯恐孩子丢掉那点超前的优势，既紧张又敏感。

当然，从家长的角度来看，有不少的家长自己从小就吃过没文化的亏，所以对孩子的教育问题就格外上心，谁也不想让自己的孩子在学习上落后于别的孩子。辅导班可以有目的、有针对性地对孩子进行培养锻炼，经过超前教育，孩子们可以懂得更多的知识，取得更优秀的学习成绩，更加轻松地应对学校布置的学习任务。

家长如果能够合理地利用超前教育，可以根据孩子自身的兴趣爱好，进行相应的培养，让孩子在学习中感到开心，获得动力。在注重劳逸结合、松弛有度的前提下，让孩子以充沛的精力在辅导班接受学习，对学校的知识点进行查漏补缺，自然可以实现补课效果的最优化。

孩子的天性是对周围的新鲜事物充满好奇，喜欢轻松自在的生活状态。如果能够顺应孩子的成长特点，在适当的时机，通过超前学习向孩子灌输合理的文化知识，的确可以激发孩子的求知欲望，拓展孩子的思维能力。只要运用得当，超前教育也可以很好地促进孩子的健康发展。

但是，生活没有“如果”，命运没有“假设”。

家长毕竟不是从事教育的专业人员，其知识、视野难免有所局限，在孩子的教育问题上也容易出现情绪化的举动。提倡超前教育的辅导学校属于商业机构，自然在宣传中大多无限夸大超前教育的优点和好处，用来吸引更多的家长交钱报班。而选择报班学习的权利，完全掌握在家长的手中。正是由于家长们的疯狂追捧，使得培训产业迅猛发展，最终导致超前教育呈现出弊大于利的局面。

高昂的补习费用，对任何家庭来说都是一笔不小的开销，辅导班却也没有家长想象得那么可靠：任课老师没有足够的教学资质，生源靠买卖、上课靠忽悠，违规非法经营，甚至屡屡传出辅导机构“卷钱跑路”的新闻。天花乱坠的宣传背后，其实是一场精心包装的骗局。

总而言之，作为学生家长，要学会适应自己在孩子学习生活中的身份角色，要学会接受孩子的“不优秀”，不要武断地用自己期待的标准去衡量孩子，要做好接受老师批评意见的准备，始终把孩子道德培养、习惯养成放在第一位。

而作为学校的老师，我们要积极面对社会和家长越来越高的期待，拿出更大的勇气和决心，承担起守护孩子身心成长的责任。不能简单地否定校外辅导、抢跑文化，要不断地满足孩子在学习生活中的需求，引导和帮助家长学会甄别良莠不齐的辅导机构，倡导“助跑不抢跑”的学习风尚。

优秀焦虑

题记

教育不是注满一桶水，而是点燃一把火。

——叶芝

事件回放

作为教师，我们在工作中经常会碰到这样一类需要引导和帮助的家长——他们对孩子的问题束手无策，焦虑不安，而孩子让他们焦虑的原因都是：认为孩子不够优秀。

焦虑的副区长

一个周五晚上，接到朋友一个电话：“钟校长，有个好朋友的朋友，他孩子在你们学校上一年级，孩子父亲工作比较忙，对孩子教育管得少，有些问题想见一下校长，下周想去找你请教交流一下。你一定抽时间和孩子家长沟通一下，一会儿我把孩子家长的电话发给你，谢谢啦!”

当时正值期末大忙阶段，朋友发来的信息都还没能顾上，想着等忙完期末工作再踏踏实实地联系家长、进行沟通。

没过几天的一个下午，我正在开班子会，朋友的电话又打来了：“钟校长，我发的那个家长信息你看到了吗?”

“看到了，看到了，这几天实在顾不上，等忙完最近几天我就约他。”

“哎呀，你再忙也没有人家副区长忙呀，他现在就在你们学校门口，你赶紧去接待一下。”

啊！副区长？我一头雾水，知道家长中“藏龙卧虎”，可没听说有位副区长啊！

班子其他成员继续开会，我告假临时退出、前往接待。路上我还迅速地在大脑中搜索，最近一年来有没有忽略、忽视了什么事情？

见面以后，我才知道了家长的来意。

原来，这位兄弟县区的副区长因为工作太忙，几乎没有时间关注和参与孩子的成长历程，孩子一直交由奶奶抚养。而奶奶挂在嘴上的总是“你爸爸小时候如何如何”，对孩子的成长状态总是不太满意，经常给爸爸反馈孩子这样那样的问题。对此，孩子的爸爸很焦虑，又不知道该如何是好……

在和家长交流的过程中，我接通了班主任的电话，了解到，令家长感到焦虑的孩子在老师眼里其实很优秀，孩子喜欢书法，最近社团还为他举办了个人书法展呢……

我管“担心自己孩子不够优秀”这种心理叫“优秀恐慌”，家长这种心理造成多少孩子成长中的阴影，不过一般这种阴影来自“邻家小孩”，而这次，给孩子成长带来阴影的恰恰是他的副区长爸爸。

崩溃的律师

家长中确实“藏龙卧虎”。我们有个学生家长是一位著名的律师，孩子入学的时候家长还自告奋勇：学校有什么法律问题尽管找我。我当时还存了家长的电话，就是没机会和家长探讨过呢。

这天，这位律师家长打来电话约我面谈点事，于是我见到了一位孩子入学两个月就崩溃了的爸爸，他见到我就大倒苦水。而让这位家长感到苦闷的，是我们学校的“经典诵读”课程。

脑科学研究表明，一年级孩子正处于记忆力的最后一段黄金期，过了6至8岁这个阶段，孩子的机械记忆能力就会逐渐减弱。所以学校通过“成语接龙”和“经典诵读”课程，丰富和加强低年级学生的古诗词等传统语言文化的积累。

开学前家长就观摩了我们的语言积累课，看到老师通过听录音、集体跟读、反复吟诵等方式，孩子快乐地学习中华传统文化，都对孩子的“富有诗书气自华”充满期待。

可是没想到，入学以来，这位律师家长的孩子虽其他方面的表现绝对是数一数二，但是经典积累方面怎么也赶不上其他同学。

班里有个活动叫作“点背”（已学过的篇目，由老师“点”、同学“点”，集体或个人背诵所点篇目），要是小组或集体背诵，这个孩子还可以，可个人背诵在熟记程度、正确率、速度、时间等方面，这个孩子老是落在同学的后边。

为了迎头赶上，律师家长每天在家里和孩子一起背，可不管花多少时间，也背不过其他同学。孩子着急，家长也感到崩溃。律师家长甚至认为熟读成诵根本就是谬论，如果孩子一直要面对这些课程，他不得不考虑出国，帮助孩子逃离这样的学习生活！

我有些疑惑，难道老师不是像我们家长观摩时那样教学吗？关于“经典诵读”课程，我多少有些了解，诵读篇目、诵读方法等，语文教研组和语文教师是集体讨论、反复研究的。

“孩子喜欢参与诵读活动吗？”我问家长。

“孩子非常喜欢！就是个人背诵比较落后，从开学时候的第一名已经排到班级第十几名了，如果在年级 10 个班的孩子中那还不得排百名开外了！”说完孩子的情况，律师家长顺便介绍了一下自己：“我从小一直就是‘学霸’，可当年也没有考上北大、清华，这孩子将来面临的社会竞争更加激烈，现在就‘跟不上’，以后怎么得了啊！”

听了这番“诉苦”，我竟然一时语塞……

近年来，我们老师遇到类似于律师家长这样的教育问题并不在少数。这些家长们都认为自己是名牌大学的毕业生，但是孩子次次考试都不理想，不管怎么教就是学不会，因此极为烦恼。

优秀的父母，因为本身非常优秀，所以对孩子从小要求就会非常高，会给孩子定一个很大的目标，希望他们能够“青出于蓝而胜于蓝”。定制一个目标很容易，但如果孩子想要达到这个目标，就需要非常的努力，甚至需要牺牲大量玩乐的时间。但爱玩是孩子的天性，家长过分压抑孩子的天性，有时候可能会起反作用，激起孩子叛逆的心，会开始故意和父母作对，不好好学习。这也使得很多优秀家长陷入教育的泥潭而不能自拔。

在接待的家长中，我们还发现，很多家长对孩子的要求很高，当看到孩子事情没有做好的时候，就会很生气，甚至会口不择言地责骂、打击孩子，其教育结果可想而知……

真心希望律师家长那天能听进我的劝解，放下自己单方面的“卓越追求”，配合老师用科学的方法和心态，静待花开。

事件反思

去功利化，让教育回归育人本位

教育是人的教育，是心灵的教育。

随着社会的发展，经济水平的提高，孩子的教育问题越来越受到家长们重视的同时，也逐步“异化”为“如何让孩子取得一个优秀学习成绩、考上一所好大学、找到一份好工作”，家长们为此日夜牵挂、初心渐失，也成为家长焦虑的源头。

追名逐利培养不出真正的人才

为了提高孩子的考试成绩，很多家长无视孩子的承受能力，给孩子安排了繁重的学习任务。这种为了升学去学习，为了考试去读书的功利性教育，偏离了立德树人的教育目的，灌输式的知识学习也难以真正提高孩子的综合水平。

追名逐利的读书行为培养出来的“小天才”“小神童”，也不可能是真正的人才。唯分数主义的学生在日常生活中可能会为了个人的私利不择手段，北京大学教授钱理群将这类人称为“精致的利己主义者”。

曾经有这样一篇新闻报道，在全国范围内引起轰动——10 岁读大学，

16岁成为北航博士，被誉为少年天才的张炘炀一直是家长们眼中的好孩子，是可以拿来激励自家孩子的学习榜样。

但是，当这位“神童”博士再一次出现在公众视野中时，却是因为他要求收入并不高的父母在北京为他买房。对于一个将全部精力都放在培养孩子的外地普通家庭而言，在北京买房简直是天方夜谭。为了供张炘炀读书，张爸爸、张妈妈平时连公交车都舍不得坐。眼看着孩子即将毕业，能够凭着学历找到一份不错的工作，却接到孩子这样的要求，这应当引起所有家长的重视和反思。

不过，如果我们站在张炘炀的立场上去看待他的要求，就会发现造成他不懂得体谅父母、任性妄为的自私性格，正是因为他的父母罔顾孩子应有的童年时光。

在教育功利性的观念下，父母把个人的意愿强加在孩子的身上，让孩子去实现一个普通人根本无法完成的目标，让他过早地承受了这个年龄段本不该面对的压力，最终造成了他自私自利、独断专行的刻薄性格。

当教育陷入功利化的泥潭，孩子也会忘记学习的初心。当家长告诉孩子“你只有学习优秀，才是爸妈的好孩子”时，孩子也有可能反过来要求家长做到最好，能够满足自己物质条件上的一切需要。否则，“优秀”的孩子必然会嫌弃“平庸”的父母。

与其传染焦虑，不如营造好的成长环境

一项调查显示：小学阶段（27%）、幼儿阶段（23%）和初中阶段（19%）的父母最焦虑。

从以上数据不难看出，此时的孩子处于三个升学阶段，家长焦虑指数最高，分别是幼升小、小升初以及中考三个阶段。

在中国，在幼升小、小升初时又涉及学区房、划片入学等重大的教育投资，可以说是加重了家长的焦虑感。而在大学及以上阶段，家长的焦虑感明显下降，这个阶段很多家长都会认为自己完成了“任务”，很多学习任务和焦虑感都转移至学生身上。

焦虑也会传染，而良好的家教则是孩子成长的营养源泉。

相较于张炘炀的例子，家长们更愿意看到“虎妈”蔡美儿和她两个女儿的故事。这位美籍华裔的母亲，将自己的育儿经验撰写成书，取名为《虎妈战歌》。在严格的家规下，虎妈的两个女儿都被培养成优秀的人才。大女儿索菲娅本科就读于哈佛，后赴耶鲁法学院读研，研究生毕业后，她加入美国军队，成为一名二级少尉。小女儿露露跟随姐姐的脚步，考取了哈佛大学艺术历史系，毕业后准备工作一年再去读研深造。

借由《虎妈战歌》这本书，蔡美儿火遍全美，轰动了美国教育界，吸引数十家媒体记者的跟踪报道，《纽约时报》称其产生了当年苏联抢先将人造卫星送入太空时美国人的震撼感。

在人们将目光聚焦于“虎妈”制定的严格家规，给教育抹上一层功利的色彩时，却忽略了“虎妈”在这背后倾注的大量心血——用母爱、理解和家长参与，配合科学的教育计划，给孩子营造了一个完美的成长环境。

要知道，“虎妈”本人就是耶鲁大学法学院的终身教授，具有丰富的教学经验和专业知识，“虎妈模式”并不能被大家轻易地复制。

明晰家长和孩子的责任

恰如年年被新闻媒体热议的“高考状元”，毕业后却少有人取得瞩目的成就，其中甚至还有人沦落街头，成为一无所有的流浪汉。这些令人大跌眼镜的事件，告诫家长：不能把孩子的教育局限于中考、高考，优秀的考试成绩并不意味着成功的人生。

对于这些追求教育功利化的家长而言，首先要摆正自己的心态，不要计较一时的得失，不要总是拿别的孩子和自己的孩子攀比。只要家长觉得焦虑，即便孩子可以不在意成绩的波动，也没法在家里得到放松。

在培养孩子的过程中，家长要扮演恰当的角色，在合适的时间为孩子提供有力的支持。明确家长和孩子的责任，各司其职。

家长要主动了解学校的教学理念，帮助孩子更好地完成学校布置的家庭作业，不去刻意关注、强调孩子的成绩排名，不给孩子添加不必要的精神负担。学会给孩子适当减负，丰富孩子的精神生活，多分出一点陪伴孩子的时间。

同时，学校也要积极沟通，让家长们了解课程改革带来的课堂新风貌，调动家长的积极性，让家长也参与到学校的改革动态之中。在看到越来越多的家长群体有参与教育的意愿以后，努力引导家长，让家长发声。邀请家长深入了解学校的方方面面，最终促成家长和学校的认知共识。

除此，学校要帮助家长了解怎样培养孩子面向未来的能力，而不是死记硬背的能力，协助家长引导和陪伴孩子通过学习实现自身的进步和成长。在日常的教学活动中，学校要贯彻先进的教育理念，让孩子收获快乐的时光，学习到生动有趣的知识。

实践证明，只有能够克服包括功利的教育、家长的焦虑在内的这些影响孩子成长的负面因素，孩子才能在家长和学校的精诚合作下，成长为一个身心健康、全面发展的优秀人才。

校园碰瓷

题记

一件事的荒谬，不能成为驳斥它存在的论据。相反，这恰恰是它存在的条件。

——尼采

事件回放

在本书的前期策划阶段，对于本节所记录的案例，我一度有点纠结——是否真要入选？毕竟这是一件令所有人匪夷所思的“碰瓷”事件，在校园管理课题内缺乏代表性。

但转念想来，一则同本书其他案例一样，这次事件也是真实发生的；二来任何看似极端的案例，其背后必然有相应的生存土壤。本事件告诉我们，并不是所有学生家长都天然地支持和爱护孩子所在的学校以及所受教的老师，一旦当个别家长为达目的不择手段，学校就将面临如何面对人性之恶、如何权衡自身利益的困境。

思之再三，还是决定选入。但愿我们的教育实践中，再也不会遇到这样的事例，也不需要引以为鉴。

第一次“碰瓷”

6 月 13 日，这一天正是六年级毕业考试的日子，学校比往常更显得秩序井然。一大早，毕业班学生穆同学的妈妈来到校门口，心急火燎地要求见我。而这天，我恰好到曹妃甸支教去了，对于这未提前预约的突然到访并不知情。

学校安保工作有明文规定：必须先与受访人核实来访者身份，再由保安引领来访者进教学楼，或者由受访者亲自下楼来接到访人员。

因此，当面对穆同学妈妈进校的需求时，保安明确告知她，要先和校长联系确认访客信息。穆同学妈妈自知事先并未预约，但见校长的愿望又十分迫切，就先与保安高声理论了几句。见保安“不明事理”仍不肯直接放行，便径直往里闯。保安见状，只得上前阻拦。谁知，手臂刚一伸出去，和对方的手臂发生轻微的触碰，穆同学妈妈就立刻报了警，说保安对她无理动手，让一边的保安和值周老师丈二和尚摸不着头脑。

当时，校区执行校长正忙着安排六年级的考务工作，接获消息后，不得不暂时放下工作，下楼接待情绪激动的家长。执行校长先稳定穆同学妈妈的情绪，再征询对方此行的诉求，原来她是为了更改孩子小升初的分配意向。为此，执行校长一边紧急召回在外开会的学籍干部，一边耐心地向穆同学妈妈做关于小升初单校划片和多校划片等基本情况的解释说明。

学籍干部田主任到校后，对照会议签到表，发现穆同学家长参加了学校之前召开的小升初工作家长会，选报了“单校划片”，并在“确认单”上签了字。谁知，这位妈妈矢口否认，说自己根本不知道家长会的事情，那几天出差不在家，孩子根本就没报单校划片，确认单是孩子她姥姥签的，自己毫不知情云云。她越说声音越大，坚决要求改单校划片为多校划片。

这期间，接到报案的片警来到学校，了解情况后和当事人一起查看了监控录像，然后向家长说明学校门卫的做法没有问题。

警察既已给出了明确答复，穆同学妈妈就没法再继续和保安纠缠了，“碰瓷”未遂，就把全副心思放在更改女儿的小升初分配选项上。

田主任仔细梳理了各种相关报表，发现无论是之前的特长生推荐，还是后来的寄宿生推荐，都没有穆同学家长参与的痕迹，由此可见，这位穆妈妈之前对女儿的小升初问题并不关心，而此番这位妈妈一改之前对女儿升学不管不顾的态度，强行闯校，诉求强烈，其中情由也猜到了八九分。因为单校划片需要提供毕业生户籍所在地和家庭实际居住地（即户口本和房产证）原件证明材料，穆同学生活在一个重组的家庭里，大概在证明材料的准备上出了纰漏。妈妈可能也是直到现在才发现自己孩子是不能选择单校划片的。而此时，小升初的上级网络早已关闭。

按理说在这件事上，校方之前没有任何失职，而且家长不顾学校毕业考试秩序态度恶劣地大闯学校，学校完全有理由拒绝家长的无理要求，但是本着“一切为了学生成长”的理念，田主任还是第一时间和招办负责六年级毕业分配工作的李老师联系，询问能否把单校划片改为多校划片，得到肯定答复后，当天下午就又陪着家长去招办办理了选项更改手续。

本来事情至此已经告一段落，家长诉求得到了满足，虽然执行校长、田主任、招生办、保安室等，乃至出勤片警的工作节奏都因她被打乱，但总算是圆满解决了问题。谁知，“碰瓷”未遂的这位家长，竟然很快上演了第二次“碰瓷”。

第二次“碰瓷”

当天下午放学时分，穆同学妈妈、爸爸、姥姥三人一起来到学校大闹，揪着上午保安碰了她一下说事，非让保安带她去看病。学校负责安保的张主任上前沟通，这时穆同学妈妈，用手指着张主任的鼻子一通威胁恐吓，那样子真是咄咄逼人。张主任本就替上午当事保安抱屈不平，此刻又见这位年仅 30 多岁的八零后妈妈对自己这 50 多岁的人这么不礼貌，不由得也用手指挡开了眼前这位家长的手，仅此一下的肢体触碰，虽说只是轻轻地一挡，就让这位妈妈抓住了把柄。

对于上午家长报警，民警在现场早已给出定性，而且当时双方都没有异议，可这时这家子执意要求学校带着去“看病”。出于无奈，学校主动报警，当事人都被请到派出所。

按照流程，派出所要对当事人一一做笔录。这期间，穆同学妈妈说先去医院做个检查，于是便扬长而去。当时大家一方面都在接受民警问询，另一方面都暗自觉得这位家长的主张荒唐可笑，民警和学校都没想着要派人陪着一起去，以防意外。不想穆同学妈妈回来后，胳膊上竟然被“验”

出了一条红紫痕迹，还说是张主任动手打的。有了这条红紫痕迹作“护身符”，穆同学妈妈的气焰更犹如神助，直接向张主任索赔10万元天价！

民警在上午已经领教了这位家长的蛮不讲理，如今有红紫痕迹傍身，对傍晚争执事件的定性也犹豫不决。好话歹话说尽，穆同学妈妈仍然一口咬定是张主任打的。夜越来越深了，张主任也不想再理论了，索性自认倒霉打电话让家人送钱过来，在警察的见证下支付了1万元，穆同学妈妈也写下不再追究的保证书。

第一次“碰瓷”未遂，想不到得了第二次“碰瓷”的机会；有了前车未遂之鉴，这第二次，居然被有心计地“碰”成功了。然而，校方相关当事人，委屈受尽，无处申诉，郁结在胸。

在曹妃甸支教的我得知了此事，心里也很惦念，一边电话关注事情的进展，一边提早结束了支教工作，当晚回到北京。

第二天一早，我就组织召开了领导班子扩大会，一是给大家做必要的心理疏导，二是反思事件经过，提升大家的认识水平，同时做到未雨绸缪。班子会达成一致的意见：首先是保护孩子的心灵，为了保护穆同学，这件事不宣扬。其次是从共情角度分析整个事件，反思各个环节有没有更好的应对策略。

在会上，我引导大家都站在一个妈妈的角度，去理解对方为了孩子的“不择手段”；去回顾思考整个过程中，哪个环节能给予家长更多的人文关怀。家长找保安二次理论的时候，能不能更巧妙地与之共情？最后，我还要求执行校长、总务主任、学籍主任、班主任会后分别写出书面反思。

若是换一个学校，或者换一批老师，让饱受委屈的校领导和教师写书面反思，无异于伤口撒盐；别的校长可能也不忍心布置这么不近人情的工作吧。而我出于对大家的了解，也相信大家的觉悟，为了提高我们团队自身的管理水平，这次却真的这样要求了。可喜的是，大家认真领会了会议精神，虚心写下了反思。

“祭”出第三招

随后的一段时间，大家都在为学年即将结束而紧张忙碌。正当“碰瓷事件”渐渐被淡忘之际，一个晴天霹雳把大家拉回现实。

6 月 28 日，区教委信访办一个电话打到校长办公室：“钟校长，有两位六年级的家长在我这儿，说是被你们总务主任给打了，派出所给解决了，学校至今也没给个说法。”

往事翻起，心被刺痛。一个深呼吸后，我瞬间冷静下来，在电话里回复说：“这个事等日后再详细跟您汇报。请您帮忙转告家长，因为我事发当天不在北京，如果她愿意，现在就可以到学校来找我，或者您留我办公室的电话给她。”

没过两分钟，办公室电话又响了，是穆同学的爸爸，粗声厉气又支支吾吾地向我要校方说法。我随即请对方过来学校面谈，对方应允了。一个小时后，我在会议室见到了传说中的这对夫妻。

安排这次会面时，为避免刺激家长，也为避免前情重现横生枝节，我刻意让之前和这对夫妻有过接触的几位干部、教师全都回避，只请党支部书记和工会主席与我一起接待。自我介绍后，我明示了自己知道之前校区发生的事件，并告诉她，还有什么想说的，有什么需要学校做的，尽管慢慢说，说透说全。

之后是穆同学妈妈几十分钟的“慷慨陈词”，我们三人全程认真倾听，目光专注，边听边记，适时用表情呼应她委屈、亢奋、凌厉、威吓等的不同情绪表达，做好一个聆听者角色。即使明知这位妈妈说的不符合实情，明知她对校方人员多番污蔑，甚至是人身攻击，我们三个始终不动声色。见她说累了，我劝她：“喝口水，歇一会儿慢慢来，继续说，不着急。”

等到对方说够了，说累了，说到自己满意了，我才缓缓说道：“刚才我认真倾听了您所有想要表达的，有些对我之前了解的情况是很好的补充。接下来，你们想听听我怎么说吗？”我耐心地说：“我首先表明，对于今天你们的到来，我十分感谢，这说明你们信任我，而且让我有机会向你们表明学校和我的态度。”我轻轻取出上次校务会的会议记录，对照着向对方详细介绍了事发后学校班子达成的共识，尤其是对孩子心灵的保护。我一一谈了四位同志的书面反思，谈到如何为大家做心理疏导，如何要求永久保留好事发当日两个时段的监控录像，准备以此案例请派出所给保安进行培训，还谈到大家如何因“一万元”纷纷为张主任捐款……

这一连串的校方态度，惊得对方两口子仿佛被点穴定住一般。说完这些，我把话锋一转：“你们是不是之前没有意识到孩子已经六年级了？小升初可是一件大事，要早早引起足够重视，不能临毕业大考才想起来孩子要升初中了。既然之前已经如愿修改成多校划片了，今天又着急到这里来，是不是现在又担心自己中意的中学孩子没被选上，患得患失，心里没底了？所以旧事重提，又是质疑学校组织的研学活动，又拿几年前已经处理好了的校园意外伤害说事，是准备秋后算总账，以此相要挟，要我们承诺一定能让您家孩子进到中意的学校，是吗？”

见对方并不否认，我继续不卑不亢地说：“学校研学课程有管理程序、采购程序、教委审批程序，我们愿意接受任何监督和检查；四年级时您孩子如果真有在学校受过伤，没关系，学校不会不认账，现在、将来，都可以走法律途径，申请校方责任险。”

最后，我又把落脚点放回到孩子身上：“我可以向你们承诺，我们对家长不会抱有成见。退一万步，哪怕对家长心里有点想法，也不会影响我们对学生负责和公平对待。在孩子入学问题上，我们不仅不会起破坏作用，如果在政策范围内能帮上孩子，我们绝不会袖手旁观。至今，我们也没有让孩子知道她的妈妈对学校和老师都做了什么……”

一番话，说得对方家长无言以对，只得连连称是。两口子你看我，我看你，都面露愧色，在道了一通感谢后离开了学校。

这件事情的结尾，是穆同学被心仪的中学录取，既圆了一家人的心愿，又为这出“碰瓷”闹剧中学校与教职工的无奈和憋屈，添上了一抹慰藉的亮色。

事件反思

抑制“碰瓷”发生的条件

“碰瓷”，是清朝末年没落的八旗子弟“发明”的。这些人平日里手捧一件看似名贵的瓷器赝品，行走于闹市街巷，然后瞅准机会，故意让行驶的马车不小心“碰”他一下，他手中的瓷器随即落地摔碎，于是瓷器的主人就“义正词严”地缠住车主按名贵瓷器的价格索取赔偿，对急于赶时间的路人进行讹诈。久而久之，人们就称这种行为为“碰瓷”。

“碰瓷”在北京方言中，泛指一些投机取巧、敲诈勒索的行为。现如今，这类倒霉事儿更多是发生在私家车主身上，在校园里竟能遇上“碰瓷”，着实罕见；而一计不成又生一计的连环“碰瓷”，最后还要上访倒打一耙加倍讹诈，更是生平闻所未闻、说出去也没人信的奇闻。

私家车主遇上“碰瓷”，唯一的自保手段，就是路边的监控和车载行车记录仪，没有视频证据的支持，纵然浑身是嘴，也难逃被讹诈的命运。学校被“碰瓷”也是同理，除非有清晰、确凿的视频证据，否则就是“秀才遇到兵，有理说不清”，更要兼顾“碰瓷者”的孩子在校园里求学，最终只能打落牙往肚里吞。

在所有校园安全和危机管理的类目中，“碰瓷”所占比率是极低的，低到容易让人忽略。但“碰瓷”有一个显著的也让人很头疼的特点，那就是：防不胜防，只要有人存心想“碰瓷”，那么哪怕你躲过了初一，也躲不过十五。我们根本无从预料、也无法防范，什么人可能会在什么场合，因为什么事情，借由一个什么偶发触碰来“碰瓷”，这无疑让我们的校园安全管理显得被动。

既然理论上全面杜绝“碰瓷”行为是不可能的，那么我们要尽可能减少它、抑制它。

第一，创造一个“天眼通”一般的透明环境，尽量做到每一个公共区域都能由监控设备提取到影像，特别是人流集中的公共场所，并且能够向公众明示这里安装了监控设备。这就好比有的人找私家车“碰瓷”，假意扑倒在引擎盖上，一旦车主明示了车内安装的行车记录仪完整记录下了整个过程，“碰瓷者”只得悻悻而归，哪怕事实上行车记录仪已经损坏，仅仅口头明示就足以产生威慑作用了。有了这样一套覆盖全面的监控系统，哪怕真的遇上“碰瓷”，我们还能在第一时间找到视频证据，还原事件真相。

第二，我们的确有需要开展一些有关防“碰瓷”的培训。在这个事件当中，我在和两位家长谈心时提到，记录了“碰瓷”事件的两个视频要永久保存，并请派出所来给学校保安培训，以“反话正说”的沟通技巧讽刺了家长的“碰瓷”行径，并借此正告对方，证据一直会保存。这句话本身也的的确确是防止“碰瓷”发生的有效方法。

当前，我们能从新闻中看到很多地方冒出了针对私家车主的防“碰瓷”培训班，也能看到网络达人们发布的开车防“碰瓷”攻略和招数。校园碰瓷虽然极少发生，但针对在整个教职工队伍中被“碰瓷”风险相对较高的安保岗位，进行防“碰瓷”培训，相信也一定能起到非常积极的作用。只是目前，校园防“碰瓷”培训内容应当包括哪些，这一课题尚待研究。至少从这个事件中，我们深刻吸取到的一个教训就是，当身体触碰发生后引发“碰瓷”，对方一旦提出要去医院检查，无论我们有多忙，或者有多不屑，都一定要派机警的同事全程陪同，紧盯着对方的一举一动，不能让伤痕“凭空飞来”。

第三，尽量满足对方的诉求，消除“碰瓷”行为产生的因由，自然就不会被“碰瓷”了。校园“碰瓷”的发生，大抵是因为“碰瓷者”预感正常诉求无望，需要借助“碰瓷”手段捏住把柄，以期在谈判中获得更高筹码，来交换自己的诉求得以实现。

本事件中的家长，多年来一直疏于对孩子的关心爱护，连毕业小升初这么重要的事情，都置若罔闻，临毕业大考才发现原来当初的分配选择和自身条件不符，火烧眉毛之际提出更换分配方案的诉求，自知理亏。正因为心虚，对诉求能否得到满足的把握不大，才“急中生智”，捏住了保安碰了她一下的把柄“碰瓷”。所以，我们如何更好地应对家长的诉求，是防范“碰瓷”发生的捷径。倾听、接纳、共情，充分理解之后从对方的角度出发，解释说明，给出方案，征询意见，调和出最终的诉求解决方案。给到对方充分相信自己的诉求的信念，正常渠道即可解决问题，无须恶化到动用“碰瓷”这一杀器的地步。

前文都是针对如何防范“碰瓷”生发的一些思考，诚如开头所说，有的“碰瓷”，它就是这么防不胜防地发生了，我们又当如何应对？

第一，保全证据。这是减损的必备措施，只有在保全证据的前提下，学校作为“被碰瓷”的一方才有回旋的余地，否则就全然被“碰瓷者”牵着鼻子走了。

第二，大大方方报警。一旦发生“碰瓷”，“私了”是不可取的。一旦“私了”，学校不仅在双方拉锯战的过程中会完全处于下游被动地位，而且在道义上显得自己矮了一截，默认自己的确给对方造成了身体伤害。身正不怕影子斜，就大大方方报警吧。不要害怕警察介入，当“碰瓷者”提出要挟诉求后，警察再怎么居间调停，也不可能造成比一开始的要挟诉求还更难以接受的结果了。

第三，进一步斡旋。一般情况下，警方介入后，无论这个过程多费心费时，总是会找到平衡双方权益后的点。再经过几轮拉锯谈判，“碰瓷”最终的解决方案，就落在了一开始警方设定的均衡点附近。

第四，以德报怨，尽力达成对方的原始诉求，强调正常渠道表达诉求的可贵和可信赖，对本次不期而至的“碰瓷”表达遗憾。在落实“碰瓷”解决方案的过程中，和对方再真诚沟通，展现我们为满足家长诉求、为孩子的成长所做的种种努力，让对方明白，即使没有他处心积虑的“碰瓷”演出，我们也已经把需要考虑到的想在前头，只要按常规渠道表达诉求，问题依然可以较完美地得到解决。这一步，是最为关键的一步，展现学校的真诚、用心、爱和善意，毕竟美好的情感都是互通的，当我们一次次展现这些美好，再冷硬的坚冰也都可以被融化。

如果说“人间”充满了心机和算计，充满了谎言和私利，那么“校园”一定是充满了智慧和能量、充满了包容和爱的“人间净土”。“校园”存在的意义，就是努力把这些美好的事物、美好的情感，尽可能多地播撒到“人间”。

公共安全篇

流感事件

题记

谣言是一支凭着推测、猜疑和臆度吹响的笛子。

——莎士比亚

事件回放

丁零零——

我拿起电话，是保健所打来的。

“钟校长，最近我们要组织一次学校卫生工作培训，想请您介绍一下咱们学校这方面工作的经验，拜托您支持。”

“我哪有什么经验介绍，再说了，学校还刚发生过那件倒霉事情啊！”

“就是因为咱们刚处理过那件事情，您可是给咱们做了一个教科书级别的示范，您就别谦虚了。”

“还示范呢，就是常态工作，只不过事发突然，让你们和各级领导都跟着操心啦。”

“您把这次事件的处理过程给大家讲讲，就是最好的指导。”

放下电话，我请卫生老师把“那件事情”的个案日志拿给我……

感染流感

2019 年 3 月 10 日（周日）晚上 8 点左右，我校某校区的卫生主管韦老师接到双井社区服务站的微信通知，告知学校一年级 6 班有一名学生确诊为乙型流感。

接到通知后，学校立即启动《传染病预防应急预案》，其中包括立即与患病学生的班主任取得联系，了解到该同学3月8日（周五）正常上学，且晨检、午检均没有发现不适症状。班主任即刻与患病学生家长取得联系，询问情况，得知孩子已经诊断为乙流。目前在首都儿研所附属儿童医院住院接受治疗，自己也见不到孩子，还不确定孩子的具体状况。

3月11日（周一），学生到校上课，学校工作如常。卫生老师、学校领导在晨检、午检中着重指导一（6）班班主任白老师，联系家长，了解患病学生情况，叮嘱对诊断证明等资料的收集。然而，家长迟迟未回复，让大家的心始终放不下。下午一放学，白老师继续联系家长，等来的却是医院已经下发病危通知书的消息。

学校进一步了解到，3月9日（周六）家长曾带孩子去垂杨柳医院看病，并被确诊为乙流（家长并没有上报给学校）。3月10日（周日），孩子不见好转，家长带孩子到首都儿科研究所附属儿童医院就诊，被留住院治疗。孩子治疗的情况很不乐观，3月11日（周一）医院向家长下发了病危通知书。

3月12日（周二），经历了一天焦急的等待，晚上6点左右，家长发来微信告知班主任“孩子已经走了”。得知这个情况，学校领导和老师都感到非常震惊又非常难过，立即打去电话表示慰问。

电话中，孩子妈妈已经因为悲伤过度不能正常讲话，孩子爸爸接过电话，对学校提出的到医院看望表示感谢，并一再婉拒。校区责成班主任和家长保持联系，只要家长需要的帮助，学校一定积极协助。

应急应对

3月12日当晚，该校区的执行校长在第一时间将病亡学生情况向总校做了汇报。得知情况后，我立即赶往该校区，路上就向上级主管部门有关领导汇报了学生病亡一事，与此同时，卫生老师也已向地段保健科、区保健所汇报了情况。

当天晚上7点左右到达校区，我立即组织召开了一个紧急会议，提了三点工作意见：一是密切关注一（6）班及其他班级学生患乙型流感的情况，严格按照传染病防控要求做好相关工作；二是成立应急工作小组，建立专项工作台账，随时准备迎接各种可能的工作；三是提前准备，协助家长做好病亡学生的善后工作。

3 月 13 日（周三），按上级要求，一（6）班采取停课隔离的方式在家学习，所有家长支持配合。

3 月 14 日（周四），通过晨检，了解到一年级 1、2、3、5 班近 10 名学生家长，因为担心孩子被传染上乙型流感而请假，没有送学生到校上课。学校马上召集班主任了解情况，得知家长盲目听信“一名学生因乙型流感而死亡”的传言，心生恐惧。学校再次组织班主任会，指导老师们做好家长的工作，加强舆情监控，通过家访、电话沟通等方式向家长做好解释工作，告知家长学校传染病防控的具体措施，做好家长的心理疏导工作，消除家长的恐惧。

3 月 15 日（周五），晨检反馈显示，因为害怕传染流感请假的学生只有 2 名，班主任老师解释、疏导工作发挥了良好作用。

当天上午 11 点左右，接到市级转发的三封信访件，质疑学校乙型流感疫情的事情，其中一位是本校学生家长，另外两位是热心的朝阳群众。学校立即通过电话回复的方式与家长取得了联系，针对家长质疑的问题，耐心地向家长说明了学校的流感情况及学校采取的具体措施，家长对学校主动沟通、解惑的工作方式表示感谢。

3 月 16 日、17 日，周末休息，但监控继续，无新发病例及舆情变化。

3 月 18 日（周一），全体复课，经过一周紧张而有序的工作，所有学生都正常上课了，家长们情绪稳定，教学秩序正常。

至此，关于学校流感疫情及因病致亡学生的事件得到了圆满的解决。

旁人如果看我们的一周工作记载，或听我们对事请的回顾，一定感受不到当时的波澜，更不会发现我们身上的暗伤。

一周波澜，几度暗伤

事件本身对大家就有很大的冲击——周五还正常上学的学生，几天工夫就永别了，别说家长的伤痛我们能感同身受，就是我们自己也难以接受。

如何安慰家长、介入到什么程度？信息什么时候发布、发布到什么程度？与上级领导、属地街区、防疫部门如何在时间和工作节奏上做好配合？孩子死亡的原因到底是不是流感，如何向一年级的孩子解释同伴的死亡？等等，即便我们全力以赴去应对，猝不及防的情况也还是会发生。

首先是社会卫生防疫系统的应急反应机制，从时间到内容我们不熟悉也不适应。

3 月 12 日（周二）晚上 6 点，当学校得知学生病亡后，立即向上级相关部门上报情况。当晚，教委保健所领导、朝阳区疾控中心的相关领导相继来到学校了解情况，并对疫情防控工作进行指导。当天除了进行应急处置，还倒查近期学校和地段对流感的防疫工作，了解患病学生的情况、看病就医情况、晨检午检记录、每一个缺勤原因、复课审核、疫苗接种情况、学校日常消毒操作，即便是工作到凌晨，大家也依然认真核实每一个细节。

3 月 13 日（周三）上午 8 点左右，劲松街道办事处、双井街道办事处以及双井派出所分别来人或来电询问此事，学校一一做了情况介绍。

上午 9 点左右，区保健所书记、疾控中心相关科室的领导再次来到学校，了解学校流感疫苗接种情况，对消毒配比工作进行专业指导。

中午 12 点左右，朝阳区朱晟副区长和朝阳教委肖汶主任以及相关领导来到学校，巡视校园、观察学生用餐、了解流感疫情，指导学校做好疾病防控工作，叮嘱实时关注舆情并及时采取措施。

3 月 14 日（周四），市疾控、区疾控中心分别派出两名人员来校针对晨检午检、消毒工作进行具体指导。

3 月 15 日（周五），区卫计委三名工作人员到校了解疫情、指导防控工作。

3 月 29 日（周五），下午，朝阳区教委孙迅副主任和体美科赵常付科长，陪同市体卫艺处副处长，到学校进行了回访，领导对朝阳区传染病预防及学校的工作落实给予充分的肯定。

可以说，如果没有这次事件，我们可能只是出于工作本能，落实上级卫生工作相关要求，根本意识不到这些工作的利害程度。政府各部门对于传染病防控的应急反应速度、级别、频率也是让我们初次见识，深受触动。由此，我们也感受到自“非典”以来，传染病防控体系的建立完善，安全感倍增。

其次是应对措施的及时准确，依赖于学校平时卫生工作的规范有效。

学校始终高度重视传染病防疫工作，从发现第一例流感起，严格按上级传染病防控工作要求，认真采取了如下措施：

1. 叮嘱患病学生在家进行观察治疗，每天向老师反馈病情，医生开具《复课证明》才可到校上课。

2. 学校每天对教室、楼道等室内环境进行消毒，注意开窗通风换气。

3. 老师加强晨检、午检对学生身体状况的观察，发现疑似感冒症状第一时间和家长沟通，建议立即就医。

4. 学校每年都会在春季传染病高发期全员发放《致家长的一封信》，宣传传染病防控工作，请家长配合指导孩子进行防控。

5. 针对一（6）班发生的情况，学校通报了班级流感疫情，按上级要求，于3 月 13 日（周三）采取停课隔离的方式在家学习，所有家长都支持配合。从 3 月 14 日开始，学校没有新发流感疫情的出现，停课班级 3 月 18 日恢复上课。

6. 第一时间召开校区全体教师会，向老师们通报了流感情况，为了避免家长恐慌，大家统一思想、统一口径。如果有家长问询病亡学生情况，不回避，客观回复“没有接到家长进一步告知病亡原因”，也呼吁大家“尊重病亡学生家长的隐私权”。

最值得总结的，是我们对舆情的监控，使我们成功地避免了多次暗伤。

现代信息渠道关联，传播确实迅速惊人。

3 月 13 日一早，地段保健科和我们校方都还没有得到医院方面发布的官方信息，就有一位家长到学校询问，学校是否发生了流感死亡病例？我们从家长手机里看到了相关部门上传的信息表格，学校立即进行了解释说明，让家长及时了解学校发生流感的实际情况和我们所做的工作。

3 月 14 日，学校通过晨检了解到一年级 1、2、3、5 班近 10 名学生家长因为担心孩子被传染上乙型流感而请事假没有到校上课。经班主任沟通得知，因为家长们盲目听信“一名学生因乙型流感而死亡”的传言，心生恐惧。学校指导老师电话沟通后一一家访，告知家长学校传染病防控的具体措施，及时消除家长的恐惧感。

3 月 15 日，因害怕传染流感而请假的学生只有 2 名，班主任的解释、疏导很奏效。

3 月 14 日上午 11 点左右，我们还接到市级转来的三封信访件，反映学校乙型流感疫情的事情，其中一位是我校学生家长，另外两位是热心的朝阳群众。我们及时与家长取得了联系，耐心地向家长说明了学校的流感情况及学校所采取的具体措施，家长对学校主动沟通、解惑的工作方式表示感谢。

我们在按部就班开展工作的同时，迅速将不稳定的因素消灭在萌芽状态。对从社会渠道先得知信息的，我们及时晓之以理；对因恐慌不敢上学的，我们及时安排家访。

当防疫部门开着急救车来学校开展工作，孩子们在校园里看到那么多“白大褂”，回家讲述给家长的更是“五花八门”。周边社区群众也关心问询，我们都给予及时的回应，同时请有关部门注意工作方法。

更想不到的是，3 月 14 日，一兄弟学校在学校召开的全体教师大会上，专门布置传染病防控工作，直接就把“垂杨柳中心小学一名学生因流感死亡”的信息当案例宣讲。多亏会上就有老师发信息向我们这边核实，对舆情十分敏锐的老师，迅速汇报了这一情况，我当即联系兄弟学校校长，与其交换意见，及时制止了对事件关注的升温与扩大。

学校传染病防控扎实的工作基础，发生流感疫情后的科学处置，以及学校内、外部良好的沟通机制，综合起来，成功避免了社会对“流感死亡病例”的过度关注，有效控制了事件发酵。

朝阳区教委有关领导在3月29日陪同市体卫艺处副处长调研结束后对学校领导班子说：“这次的因病致死事件，学校处理得非常及时，措施得力有效，卫教联合工作开展和谐，可以说是教科书一般的处置。”

事件反思

把好传染病防控关

一次“非典”暴露了我们的问题，也催生了我国传染病防控体系的进一步完善与高效运转，学校的传染病防控对象是儿童，因此就更显重要，为此很多学校也有过惨痛的教训。在教训中，学校该如何建立起疾病防控的应对机制呢?

家长误传引发信任危机

近年来，关于学生疾病防控的事件层出不穷，学校一旦处理不及时、不妥当，极易引发社会关注，成为动荡因素。

2018年，东城区某小学班里30多个孩子，有20人左右发生了呕吐腹泻等症状。在未经医院确诊的情况下，家长却误传成学生在校发生了“集体食物中毒”，引起家长及社会的极大恐慌。最终，经专业机构到学校做检测显示，不是食物中毒，是诺如病毒感染。

诺如病毒感染性腹泻在全世界范围内均有流行，感染对象主要是抵抗力弱的成人和学龄儿童，寒冷季节呈现高发。但是不明事实真相的家长却将之误传为“食物中毒”，挑战着大众的神经，给学校正常的疾病防控工作带来了极大的影响。虽然事件最终得到了平息，但是家长的误传让学校颇为受伤。

垂杨柳中心小学某个分校也曾经因为诺如病毒传播，引发家长误以为是食品中毒事件，20多位家长情绪激动地质疑学校食堂工作，即使医院已经诊断是诺如病毒引发的呕吐，家长也不愿意相信，平息风波浪费了上上下下很多的时间和精力。

家长隐瞒症状导致事件恶化

当我们严格按照学校传染病防控机制开展工作时，往往又会遇到很多阻力。

比如在诺如病毒高发时期，学校严格要求“发病学生有医生开具的复课证明才可进班”，但是一些家长隐瞒孩子症状，让医生开了证明然后把孩子送到班里，结果又在教室里发生呕吐。有的家长隐瞒情况，当我们从孩子口中得知孩子在家症状，劝导家长把孩子领回家继续休养，家长竟然以有医生证明为由把学校告到“12345 市长信箱”。

我们还曾经发生过这样一个案例：

一年级的一位女生得了水痘，得知消息以后，学校卫生老师想到“这位女生还有个哥哥在同校的四年级”，追到班里才发现原来是哥哥先得的，这个班级前一段已经有两例水痘，但是并没有哥哥的记录。

学校赶紧联系家长询问情况，家长说：“哥哥得的水痘不厉害，怕耽误孩子学习，就一直让孩子坚持上学，诊断证明也没有交学校。”

我们让家长把病历拿来一看才知道，哥哥才是班里的第一例水痘，是“传染源”，但这个发现已经晚了。

所以，学校做好传染病防控工作还需要家长的支持和理解。有些制度规矩必须遵守，既对自己的孩子负责，也要对其他孩子负责。

筑牢坚守学生安全防线

诺如病毒病，也被称为“冬季呕吐病”，其实全年均可发生，每年的10 月到次年 3 月是高发季节。

该病毒抵抗力强，在外环境中的感染力能够持续 61 天，甚至更长；传播力强，十几个病毒粒子就会使人感染；传播途径容易实现，主要通过污染的食物、水传播，也可经接触病人排泄物和呕吐物，经污染的手、物体和用具以及呕吐产生的气溶胶等方式传播，因此，极容易在学校、幼儿园、医院、养老院、大型游轮等人群聚集场所暴发。

每到诺如病毒的高发期，校长同行们都显得有些胆战心惊，一方面担心学生感染，一方面不知如何处理学生感染后引起的其他问题。因为目前诺如病毒病没有疫苗可以接种预防，也没有特效药立即完全治愈。其来势较凶，急性起病，感染后通常24～48小时即发病。但一般症状轻，最常见的症状是呕吐和腹泻，属于自限性疾病，多数患者发病后2～3天即可康复。当然，对于婴幼儿、老人，特别是伴有基础性疾病的老人，诺如病毒胃肠炎可导致脱水等较严重的症状，需要高度关注。

虽然诺如病毒目前没有特效药，但是学校可以落实各种疾病防控制度，为学生筑牢安全防线。

学校日常要严格落实晨检午检、缺勤登记追踪、复课证明查验等制度，定期对教室、食堂、楼道，重点部位如门把手、楼梯扶手、水池、便器等进行清洁及消毒。

班级内有学生呕吐时，授课老师应立即向校医汇报，并配合校医及保洁人员规范处理呕吐物，同时将发病儿童单独隔离，通知家长带其就医或回家休息。

同时，及时向辖区疾控中心报告，在相关专业人员指导下进行疫情调查和处置。处置消毒前，参与人员首先要戴口罩、手套、鞋套，穿隔离衣等，做好个人防护。

此外，学校还要通过《致家长的一封信》、微信公众号等渠道，向家长传递正确的预防方法，做好相关预防工作。

学校还应定期组织开展校园突发公共卫生事件应急演练，比如，开展诺如病毒防控演练，让学校相关领导、教师、保健教师和各学校周边卫生院防保人员参与其中，通过这样的实战演练，让大家在应对校园发生的传染病防控工作方面，能够做到专业、及时，切实保障孩子们的身心健康，保障校园的健康卫生环境。

当发生诺如病毒感染，并引发危机事件后，学校要有相对的应急举措，要建立危机公关的机制。学校还要做好家长的沟通工作，如实、公开、透明地向家长传递学校的应对举措，稳定家长的情绪，希望家长做到不以讹传讹。

附：

诺如病毒高发期致全体学生家长的一封信

家长朋友：

您好！

季节交替之际，气候变化无常，早晚温差较大，导致人的抵抗力下降，疾病容易相互传染。昨天，学校个别班级有学生出现了呕吐症状，学校高度重视，立即上报地段保健所、疾控中心等部门，疾控中心的工作人员于下午对患病的学生进行了采样检测，今天上午告知检测结果，确定为诺如病毒感染。

为保证学生的身体健康，减少病毒的传播，请大家督促学生积极做好相关预防工作：

一、适当进行户外活动，根据气温变化增减衣服，提高自身防病能力；

二、注意开窗通气，保持室内空气新鲜，常晒衣、晒被；

三、坚持饭前便后勤洗手，自己的物品保持干净，养成良好的卫生习惯；

四、外出时，不到人多聚集的地方，就餐时注意饮食卫生；

五、发现不适及时就医，如疑似传染病应及时隔离防治，并对原发地消毒处理。

校园开放日

题记

对人的热情，对人的信任，形象点说，是爱抚、温存的翅膀赖以飞翔的空气。

——苏霍姆林斯基

事件回放

这是我任职垂杨柳中心小学校长以后，遇到的第一起校园危机事件，发生在2014年的春天。时间虽已久远，但是令我记忆深刻。正是因为这次成功的危机公关，让我们的干部接受了教训、经受了锻炼、提高了认识。而且在最近几年，我们不断地看到那一幕在某些学校的重演。

精心准备

与往日的宁静不同，垂杨柳中心小学某校区在这一天显得格外热闹。

周五学校要举办一场隆重的“校园开放日”活动，邀请各班家长代表走进校园，了解和监督学校日常工作。

该校区是我们学校的旗舰，自2008年建校以来，承接了无数次大型活动，是我校对外展示的一个窗口，标准化管理的一面旗帜。所以，校园开放日这样的活动在干部和老师眼里简直就是家常便饭，大家按部就班地准备，根本没觉得与平日有什么区别。

要说大家都不紧张可是瞎话，有一个人就很谨慎，那就是刚刚开始负责全校德育工作的郑老师，她细致地安排参观路线，叮嘱教研组长听遍每一位老师的试讲，一次次检视课间操音乐播放，最后特意走进学校食堂，告知营养餐公司也要做好准备。后勤部门信誓旦旦地向郑老师保证：您就瞧好吧！

引火上身

听课、看操、参观校园……一切都按照开放日流程顺利进行，最后家长委员会成员们作为代表，换上装备走进食堂。

在参观过程中，家长们拿出随身携带的手机一通拍摄，边拍边感叹食堂先进的设备、良好的卫生状况、工作人员专业的工作状态，当镜头对准后厨的油盐酱醋时，质疑来啦。食堂调味品的牌子不是他们在超市常见的那几种，会不会是廉价劣质的产品，有没有可能存在质量问题？

面对家长的质疑，工作人员解释道：虽然这些调味品在市面上并不常见，但都是从中粮公司采购进来的，渠道和质量绝对可以放心。

对食材的关注，引起大家的兴趣，家长们就这个问题讨论开了。还别说，真有一些家长特别的专业，对这些食品调料不仅十分了解，甚至对食用油的压榨工艺和浸出工艺都讲得头头是道，在现场为其他家长做了一番详细的科普。

一天的时间很快就过去了，校园开放日活动顺利结束，负责此项工作的郑老师一颗悬着的心也总算放了下来。

可出乎大家意料的是，有一位家长回去之后就着在学校食堂拍的照片，在微信朋友圈展开了“讨论”：学校食堂调味品都是“陌生品牌”，食堂使用的食用油是浸出工艺的，会有化学品的残留，长期食用可能会对孩子的健康造成不可逆转的伤害，等等。

这位家长的质疑性讨论，很快引来大家的围观，紧接着就有家长联想到：自己孩子最近总是拉肚子，总喊肚子疼，前几天还有呕吐的症状，不会是在学校食堂吃出来的毛病吧。围观的家长越想越担心，越想越激动，越想越笃定，一种对学校不满的情绪迅速蔓延，讨论变成了毫无根据的声讨。

一时间，群情激愤，50多位家长一起商量好，在周一的早上聚集到了学校的门口，要求学校必须给大家一个说法。

备战危机

该校区是新建校区，几位干部年轻还缺乏经验，校区所在地区人员结构复杂，食品安全又是社会一大敏感问题，在应对的过程中不能给事态升级留下任何余地，最好迅速彻底地解决问题，否则就此抹黑教育，引发社会恐慌的可能不是没有。因此得知消息后，我马上决定第一时间校长就要站出来。

一般家长有问题来找学校，找的往往就是校长。在校园危机群体性事件面前，如果不能确定其他老师、干部可以精准处置，校长必须责无旁贷地站在最前面。校长积极负责、敢于担当的应对态度，是解决危机事件的第一要义。

因为事先已经监控到舆情，我对家长围观讨论的问题做了一一梳理，做到心中有数。实际上，学校对营养餐公司的相关资质是有严格审核的，在食堂日常的运营生产中，也有严格的监管体系和明确的监管职责。我们对带量食谱、进货渠道、卫生防疫、食品留样、师生同餐等工作情况又做了认真排查。找营养餐公司领导谈话，请他们做好本职工作，理解学校工作无小事。营养餐公司当场表明态度：请校长放心，咱们的食堂工作经得住任何检验，绝对不会有问题。

周末，我们召开全体班子会，让大家统一思想，家长群体讨论问题时明显带有情绪，甚至充满戾气，我们必须全面启动预案。除了通过家长委员会成员介绍周五家长开放日自己在学校食堂的所见所闻，请郑老师代表学校德育部门邀请有疑问的家长面谈，做好应对家长群体的一切准备。通过我们的工作，不仅要让家长知道学校营养餐到底安全与否，还要让家长进一步了解我们的办学理念，懂得生命阳光的真正含义。

面对家长误解和某些社会舆论别有用心的曲解，做好我们的解释疏导工作，不躲事、不怕事、做成事，也是为推动社会和谐进步作出的贡献。

经受折磨

家长的“密谋”，也如我们所料。周一早上，学校门口聚集起的家长开始增多，其中两三个骨干声音很高地要求见校长，值周干部耐心地安抚：今天校长正好在我们校区，有什么话跟校长好好说，别着急。

不一会儿，学校会议室里就陆续聚集了50余位家长，有来表达诉求的，也有看着就来者不善的，还有一些就是跟风的。郑老师站出来想组织一下再让我上，几乎刚一开口就被家长轰了下来。

“你是校长吗？不是校长甭跟这儿废话，叫校长来。”

同样的，刚一开口介绍自己，五六位家长就对我上演了一轮集中轰炸。该校区位于一处高档住宅小区，业主来自天南海北，轰炸我的口音是南腔北调，有说孩子前一段身体反应的、有给我讲法律责任的、有质问我跟营养餐公司什么关系的，简直把我和学校看成了十恶不赦的罪犯，气急了、恨透了。

我耐心地倾听着，几次尝试着开始表达都被迎头打断，还是一位家委会成员站起来请大家安静安静，我才抓到说话的机会。我首先欢迎大家对学校工作进行监督，然后感谢大家有问题直接找学校解决的信任，接着我说这个校区食堂工作有没有问题、有什么问题，不是你说我说的事，我们会请在座的家长代表跟学校一起彻底调查清楚，尽快给大家一个交代。“今天大家既然来了，刚才我听到大家有不少诉求，我建议大家慢慢说，在这里公开说，说全了，让老师当场记在黑板上，我一一回应大家。”

老师们闻讯抬来黑板，开始一一记录家长的诉求，不管对错，只要能说明白的要求，都写到了黑板上，包括换营养餐公司、给食堂加装监控、派家长代表每天监督食堂工作、给自己孩子看病、给全体学生体检、要求营养餐公司退这个月的餐费、惩罚营养餐公司赔偿交过的所有餐费、食堂不能吃鸡肉、炒菜必须使用鲁花牌花生油、炒菜不许添加糖和味精，等等。

理性回应

家长们的意见穷尽了，我还在耐心启发："还有吗？咱们想全喽。"之后我开始一一回应：

健康第一，这应该是学校和家长共同的核心关注，所以首先要落实学生看病和体检的问题。我承诺哪位家长如果觉得孩子是吃学校营养餐身体出了问题，学校负责联系最好的医院，马上给孩子看病。病已经好了的，如果家长认为孩子需要体检，跟班主任报名，卫生老师马上联系专门的体检中心，费用由学校负担。结果没有一个学生正在生病，手里拿着病历的家长也没有一个报名给孩子体检。

在这里要特别说明一下，后来我们了解到家长手中的病历显示孩子曾经得的不是肠胃炎，就是诸如病毒感染，都会产生腹泻、呕吐等症状。而且到场的基本都是低年级的家长，一年级的居多。春季正值传染病高发期，孩子入学校时间短，家长们对学校缺乏了解，还不够信任，原本并没有什么恶意，只是因为看到网上对学校食堂的质疑，过度焦虑，才加入到问责的队伍中来。因此当学校把关注孩子身体放到第一位，痛快地给出解决方案后，很多人的心态开始转向平和。

我继续回应家长：加装监控，学校需要报请上级审批，而且也要受资金情况限制，不过教委已经把"明厨亮灶"工作作为重点任务在推动，我争取和营养餐公司协商，让他们主动承担起来，看能否单独安装食堂监控系统，本周内答复大家。

至于家长们对营养餐制作方面提出的诉求，我回应道：既然家长们认为不能吃鸡肉、炒菜不放糖和味精，我保留自己的意见。先不管这些要求是否合理，考虑目前家长的担心，家长不认可的食物和调味品，学校都先不提供、不添加。过几天我们可以再讨论、再调整，认为孩子可以吃、需要吃鸡肉的，先委屈几天，回家吃鸡肉。

就这样，能够立行立改的，作为学校公共安全的第一责任人，我当时就代表学校拍板承诺。我对家长的态度，起初让营养公司觉得太过软弱、没有原则，甚至认为我这个新来的校长，是想借机撤换他们。尽管心有猜忌，营养餐公司还是尽量配合学校，第二天就在食堂安装了摄像头。有了监控，家长可以随时申请查看食堂的运转情况。

更换营养餐公司的问题，我承诺学校可以兑现，答应这个问题下学期落实。不立即调整的原因是孩子和老师的吃饭问题一天也不能受到影响，与现在这家可以到期末终止合同，然而学校遴选新的供餐单位需要走严格程序，不是跑到大街上就能随便找一个。如果家长实在不放心，这个月剩下的餐费可以退给家长，家长自己先克服一下困难，把孩子接回家解决午餐问题。

围绕家长要求退钱罚款的诉求，我表示理解，但是开诚布公地告诉家长，这些诉求不但学校无法回应，任何上级单位也回应不了，只有通过法律途径才能启动这方面的工作。大家在焦虑的情绪下提出来可以，但要实现恐怕还得从长计议，建议大家把这个问题先往后放。

家长要求进入食堂实施监督，可以！但前提是要取得体检合格证明，然后在学校登记报名，由学校后勤部门排序，每天安排一位家长在学校工作人员的陪同下对食堂实施监督。

我故意躲开了要求食堂使用鲁花花生油这一条，不吃什么可以马上决定，吃什么不仅涉及食堂成本，而且一旦开了口以后再提出别的要求怎么办？还好在我回应了一个个诉求以后，家长仿佛把这点给忘了，也可能自己也觉得太不靠谱，没再追究。

讲个小插曲：在最后送走的家长中有一位单独坐在后面的，始终一言未发，他大多时候是低着头，我和他的目光虽然没有过交集，但是我也很容易就能注意到他。开始我觉得这应该是一个幕后高参的角色，后来他临走时来到我面前，自己坦白说是某报社的记者，家住某某家园小区，从一位家长那里听说此事，就当作新闻点来捕捉，是被家长邀请来的。我说："学校发生了什么，您就据实报道吧。"这位记者说："我看看吧，今天很受教育，你们老师真不容易。"

重获支持

真有几位全职妈妈，通过体检报名后要求进入食堂进行“监督”。学校总务主任每天和一位家长穿上白大褂，到食堂巡视。结果刚到第三天，家长们就一致认为，学校签约的营养餐公司管理非常规范，员工们也非常认真负责，如果这样的公司学校给撤换，再新换一家不了解的，得不偿失。几天后，主动要求巡视的家长越来越少，到后来请也没人来了。

我们动员一些高年级家长和低年级家委会成员，在下边与平静下来的家长们多交流，使家长们对食堂营养餐工作有了客观、深入的了解，大家逐渐意识到，他们当天提出的诉求有的很幼稚，有的甚至是无理取闹。一位家长自己在微信群里说：“我们在餐馆吃饭，你可以因为忌口要求厨师别放特定的食材调料，却没法让厨师必须使用你指定的品牌调料。更何况，大锅饭调料是有配比的，怎么可能随便增减。”

有的家长冷静下来以后，通过深入调查了解，发现学校食堂用的调和油更符合健康理念，糖、味精也都是中粮旗下的大品牌，根本不像大家传说的“学校食堂使用的糖和味精是不知名的杂牌，三无产品”，自己只了解北京普通超市常见的那些品牌，有点孤陋寡闻了。至于食用油是压榨还是浸出工艺的好，也是多虑，大家查看了自己家的食用油，发现浸出工艺的油太普遍了。

“去外边的餐厅吃饭，用什么油人家听你的吗?”

“炒菜不放糖、不放味精孩子都不爱吃。”

“我们家孩子就爱吃鸡肉。”

“学校营养餐都是有食谱的，家长不应该干涉。”

“学校午餐是自愿的，不想吃自己解决!”

“能在学校吃午饭，也就是现在!”

……

风波过去一个月以后，我们做了一次家长问卷调查，征求学生和家长对学校营养餐工作的意见，满意度达到96%，我们坚信，不会再有家长提出换营养餐公司了。

营养餐公司领导向我保证：“我们争取做到100%”。

对于总务主任“危机度过，警报解除”的说法，我回应他说：“你们警钟长鸣，让我多活两年吧。”

事件反思

让信任之风溢满校园

人的信任会产生一种力量，互相信任的人可以形成一种情感的维系。在校园工作中，获得家长的信任可以更好地帮助开展教学工作，所以，争取家长的信任也是学校工作的重要内容之一。

信任是水，可以滋润人们干枯的心灵；信任是火，可以驱散黑暗中的寒冷；信任是光，可以照亮整个世界。

可是，信任绝不是一朝一夕所能培养出来的，人心的真假，需要时间见证。信任的默契，需要长久的培养。从“校园开放日”的风波中，质疑学校的大多都是低年级学生家长的现象中就可窥见一斑。高年级的家长们正是在和学校的长期相处中，通过学校踏实的工作作风和可靠的工作能力，感受到了学校的坦诚和真心，最终选择相信了学校的领导和老师。

低年级的家长是未来高年级的家长，高年级的家长是曾经的低年级的家长。信任的培养需要时间的积淀，只要获得了信任，便如同细水长流，可以包容所有的猜疑和顾虑，不因岁月的变迁而褪色变质。学校领导在校园工作中要清楚地认识到这一点，树立明确的工作目标，把家长的信赖和依靠作为检验工作质量的标准，以赢取家长的信任和支持当作工作的动力源泉。

信任难得，贵在互相。信任都是相互的，你怎样对我，我便怎样对你。一旦选择了信任，就应该毫无保留地珍惜对待。正是因为相信家长们没有恶意，学校才作出最大限度的让步。与此同时，在认识到了自身的错误之后，家长们主动与学校和解，反思自己的幼稚冲动。一切的冲突和对立就此烟消云散，相互信任的关系真正地建立了起来。

信任，是人与人之间最美丽的语言。一个信任的眼神，可以缓解矛盾的坚冰；一句信任的话语，能够让人刻骨铭心。信任，是家长相信学校，并敢于把孩子托付给学校；信任，是学校相信自己的能力，相信自己能够照顾好孩子的学习和健康。信任是相互的，它贵在真诚，贵在尊重，不隐瞒，不欺骗，这才是获取信任的真正态度。

没有可靠的家校合作，哪来安心稳定的学习环境；没有真诚的学生家长，哪来勤奋好学的孩子。相互理解，相互包容，才能真正做到学校和家长互相信任。

作为学校的管理者、学校的老师，都要着力推动家校信任关系的建立，让师生关系更融洽，家校关系更和谐，从而促进孩子的健康成长，更好地应对一切突发性的校园危机事件。

多一点信任的目光，脚踏一方诚信的净土，就可以浇灌出最美丽的生命之花。信任是一种高尚的情感，是架起彼此沟通亲近的桥梁，是维系双方心灵的纽带。让人信任是一种能力，被人信任是一种幸福。在日常的人际关系中，获得信任，可以创造出更加多姿多彩的人生。在校园工作中，拥有信任，可以更好地塑造孩子们的美好心灵。

我们再把目光转向这次事件的导火索——校园食品安全。

近年来，各地学校食品安全问题依然层出不穷。2019 年，从上海中芯国际学校被曝厨房食物变质、加工日期造假到成都七中的食品“乌龙”事件，每一起事件都挑动着大众的神经，也引发了社会的广泛关注。

校园食品安全依然不容乐观。山东省广饶县市场监督管理局曾在 2018 年对全县 108 家学校食堂的食品安全状况进行调查，发现有 11.11% 的学校功能性专间不全；17.60% 的学校在是否有蔬菜清洗池、荤菜清洗池和餐饮具清洗池上没有达到要求。根据国家市场监管总局 2019 年 10 月底发布的数据，截至 10 月 22 日，学校食堂、供餐单位及校园周边食品经营者开展自查 64 万户次，整改消除风险隐患 13 万个，撤换食材供应商 2793 个，更换供餐单位4199个。

为强化校园食品安全，保障学生“舌尖安全”，2019年12月2日，国家市场监管总局、教育部、国家卫健委、公安部联合印发的《关于落实主体责任 强化校园食品安全管理的指导意见》指出，从国家层面到地方，再到学校，都要担负起学生校园食品安全的重担。

彼时，校园开放日发生的那场风波之所以能得到圆满的解决，其根本原因是学校的食品安全经得住检验。但是我们也经常自问，如果食堂有一分瑕疵存在，那时的危机又将如何度过?

我欣喜地发现，这些年的一点一滴、坚持不懈，美好和谐的家校信任之花开始绽放在我们的校园，并越发灿烂。

“罢课”风波

题记

真者，精诚之至也；不精不诚，不能动人。

——《庄子·渔夫》

事件回放

陆续“罢课”

平日里，早晨7点20分左右，“经典诵读”的声音就开始从各班教室传出。随着到校学生的增多，集体诵读的声音也不断壮大，或慷慨激昂，或韵律婉转，成为金都分校每日独特的开始。

但在那天，一年级的几个班级却显得“与众不同”——原本拥挤的教室里稀稀拉拉只坐着几个学生，其中最少的一个班，只来了四位学生。

难道是发生了传染病疫情？

难道一年级有什么特殊的活动？

……

家长们像商量好似的，纷纷以各种理由为孩子请假，学校教师们心里明白——这是“罢课”啊！

这一幕，在学校历史上可是从未发生过的。

下周一就要期末考试了，一年级的几位班主任怎么也搞不懂，“这些年轻家长都是怎么想的？竟然拿孩子相‘要挟’？”

大家尽管心里焦急，可是谁也没有“捅破这层窗户纸”，班主任们依次联系家长，耐心询问孩子没有到校上课的原因：家里有事的、外出考级的、身体有恙的……老师们都一一送上关心和问候。

准备“罢考”

连续几天，班主任一直在耐心问询：“怎么没来上课，带孩子回京了没有，身体好些了没有……”

与班主任同样“忙碌”的还有个别家长，不过他们是忙着给家长们“打气”：“绝对不能让孩子上学，看学校能怎么办；必须见到学校的书面承诺……”

周五，班主任把下周考试的时间安排、注意事项照常通知给每一位家长，周末也没有间断问询。

对于被氛围绑架、怀抱试探心理的家长，老师则耐心地回应：“没关系，如果耽误了考试，学校每学期开学前都会安排补考。”

同时，老师也明确指出：“今后孩子还要经历无数次考试，从小要让孩子知道考试大于天，任何事情也不应该成为耽误孩子考试的理由！”

周一早上，原本大家以为空荡荡的考场，却坐满了孩子。几个“立场坚定”的家长，也在考试即将开始之前，尴尬地把孩子送进教室。

所有人都很欣慰，“罢考”终于没有实施。

空穴来风

2015 年，朝阳区为进一步发挥垂杨柳中心小学金都分校的优质资源辐射带动作用，促进百子湾地区教育资源的优质均衡发展，决定将位于金泰先锋小区的垂杨柳第四小学整体并入金都分校。这所小学只有 12 个班的规模，离金都分校的路程步行只需七八分钟。金都分校所处地区，因多种原因，是小学教育资源最为紧张的地区之一。本就已经严重超出办学规模的垂杨柳中心小学金都分校，因整合并入了这所普通小学，招生情况变得更加紧张。一时间，各年级的转学生激增，金都分校招收新一届一年级学生更是大大超出原来两校总和，需要至少再增开两个班。

面对资源紧张的实际，学校和上级主管部门反复商量对策，积极商讨解决方案。这时，居住在金都杭城小区的一年级新生家长，因知道自己孩子这一届新生被统一安排在金泰先锋校区（金都分校低部）上课，尽管只是多走几分钟的路，但却心有不甘，认为金都分校是金都杭城小区的教育配套，自己的孩子就应该在小区配套的金都上课。

这种情绪还波及金都杭城小区里即将升入二年级的学生家长，他们猜测学校整合分高低部后，自己的孩子也许会被安排到低部，必须提前阻止学校作出不利于自己的决定。学校针对家长的焦虑，反复安慰：整合以后学生上课安排还没有定论，期末复习考试是当务之急，这个问题先不作讨论，学校一定会根据资源实际，统筹考虑学生利益和家长诉求。

逼迫学校表态不成，金都杭城的几位家长就成了“带头大哥”，想出“罢课”这一出，阻止学校作出将二年级全部转移到分校上课的决定。

曾经伤痛

对于一年级家长的“空穴来风”，学校既不能妥协，也不能草率作出决定。垂杨柳中心小学一直努力“构建生命成长共同体”，追求学生成长、教师发展、家庭幸福，推动社会和谐进步的教育价值。这些家长已经被个别人的误解偏见、负面情绪所“裹挟”，不听劝解、任性纠缠，如果简单处置这场危机，对今后家校共育的开展极其不利。

影响学校态度的，其实还有不久前的那次“伤痛”。一位低年级家长曾经在参加“学校开放日”活动时，拍摄了学校食堂使用的食用油和味精、白糖等调料，还在微信中发了一段讨论“食用油生产工艺”的信息，大意为：学校使用的食用油不是采用“压榨工艺”，而是“浸出工艺”，会有化学物残留，对儿童身体有害。

尽管学校及时作出回应，第二天，情绪激动的几位家长还是“纠集”了50多人到学校讨说法，那天的场面让人终生难忘。

面对家长夹杂着各种谩骂的无理要求，食堂一方的领导成了“过街老鼠”，儒雅的学校干部无声落泪。最后，家长还算给我这个新来的“大校长”面子，在我用以退为进的方式暂时满足家长的所有诉求后，逐步回归理性解决问题。

最终，家长发现，自己家食用油也是“浸出工艺”；查到学校使用的调料虽然不是自己熟悉的品牌，但并不是“三无产品”；承认不该因孩子受诺如病毒感染要求食堂赔偿，等等。经过家长委员会对学校食堂的持续监督，一致要求学校“不必更换这家营养餐公司”。（见《校园开放日》一节）

事件虽然妥善解决了，但“透过现象看本质”，我们还需要进一步赢得每一个校区家长的普遍信任，垂杨柳中心小学有必要也有义务担负起引领区域社会文明进步的责任。

这次，学校领导班子决定要用集体的耐心和智慧帮助家长回归理性。

不谋而合

其实，金都分校一年级家长的担心与学校研究的最佳资源使用方案，还真是不谋而合呢。

两校相距不足1公里，在资源均已饱和的状态下，面对生源激增、周边借址办学迟迟无解的局面，学校很有可能推翻原本准备统一安置新生，其他年级逐步过渡的设想。

尽快实现低高两部办学，两校区原来重复设置的专用教室就可以作出调整，不仅可以缓解激增的生源压力，也能够尽快实现年级一体化管理，方便老师们共同开展教学研究，产生规模效益。

可金都校区一年级家长上演的“罢课”风波，还真给学校出了个难题。

共同面对

面对期末这场意想不到的危机，学校领导班子稳住阵脚，指导一年级班主任科学应对，无论学校最终作出什么决定，也要通过这件事引导广大家长以学生的成长为核心，最终理解、信任、支持学校，推动社会和谐进步。

负责招生的干部，借助“新生家长培训”，专门对金都杭城小区的家长表示感谢，拜托他们在小区里宣传金泰先锋校区良好的校园环境，破除一些家长的误传。

学校门卫和保卫干部面对在学校门口打着横幅、表达诉求的金都杭城小区的居民，耐心劝解、安慰他们，“对于学校根本没有作出的决定，不要捕风捉影，这样的表达方式，损人不利己”。

一年级班主任面对家长的过激行为，包容大度，积极引导，无论承受怎样的委屈也始终没有放弃沟通，有条不紊地组织期末复习考试。劝慰那些不安的家长，等期末考试结束，哪怕放假了，再慢慢地讨论问题也不迟。

学校把家长委员会成员请到学校里，介绍目前发生的事件缘由，介绍学校的资源规划，请他们参观学校，了解学校应对生源激增的做法——为了满足学生的入学需求，原校长、书记的办公室也都统一腾退出来，准备打通成为一间教室；向他们介绍“上级主管部门为了解决学校的暂时困难，正积极向周边中学借址”……经过这次实地探访，家长委员会成员们一致认为，一年级家长站在金都杭城部分人的立场，采取“校闹”的方式表达诉求，实在是不应该。

与此同时，杨柳校区也面临与劲松一小的整合，之前学校也有松榆里和武圣庙两校区整合，都是邻近的两校区合并，分高低部办学，实现规模效益。学校在微信公众号及时宣传这些校区办学的成功经验，在心理上给予金都的家长以暗示。

着手解决

事情总得解决。

学校层面组织多个会议商讨解决方案，也与上级主管部门反复对接磋商“如何利用这有限的教育资源让所有的孩子都上好学”。

思忖许久，反复对比，“将低年级集中到金泰先锋校区”的方案，可以节省出低年级暂时不需要的专用教室，最大限度地用好学校空间，最大程度实现“当下与长远相结合的最优效果”。

但是如果“硬性”推出这样的决定，一年级“带头闹事”的那些家长该怎么下台？继续对峙下去也不是办法。迁就他们，两校区暂缓融合？肯定会影响高年级对专用教室的需要，也是对个别任性家长的纵容。

大家一致相信，绝大多数家长最终一定会理解和支持学校的决定。大家也一致同意：对于社会上部分人身上存在的一种戾气，不管我们能不能根治，至少不能纵容！

放假前，学校再次召开全校家长会。

我向家长详细解读了学校资源整合的意义，对于部分家长的不安深表歉意，感谢所有家长的理解信任。我告诉全体家长，优质资源的辐射带动作用是全方位的，其中，传播垂杨柳中心小学健康、向上、担当的精神文化，是资源整合的重要意义，是我们共同的目标。

关于整合方案，我依旧用的是“如果”。

我说，如果学校最终需要金都校区低年级到金泰先锋校区上课，辛苦金都杭城校区的家长，未来一年，接送孩子时多走几分钟。实在有困难的，可以把孩子还送到金都校区来，学校会安排专人把学生送过去。希望大家放下焦虑，给孩子创设一个愉快的暑假。

教室里，一年级班主任也纷纷告知家长，学生升入二年级时，班主任的人选不会有变动，让家长放心。这进一步打消了家长对于资源整合的疑虑。同时告知，有问题的家长最后可以留下，学校领导会一一接待大家，专门解决大家的诉求。

再次释放

不出所料，家长会后留下的还是那几位“骨干家长”，我们继续耐心倾听他们的诉求。

在金都杭城小区的业主看来，垂杨柳中心小学金都分校是开发商给小区业主建的配套设施，自己享有“当然权利”。教育资源整合让自己孩子“舍近求远”，就是不公平。旁边学校如果好，为什么被整合？万一将来有变化，不让回金都校区怎么办？

学校一遍遍宣讲政府的教育配套政策，指出家长的理解误区；一遍遍解释资源紧张是暂时的，分低高部办学不仅有利于被整合学校质量提升，也有利于金都分校自身的发展。

班主任、校领导一遍遍劝导家长，放下眼前的纠结，先陪伴孩子愉快地度过暑假，给自己和学校都留下一点时间和空间。

最后，有的家长终于说："大家就信任钟校长吧，咱们想的问题学校早都想好了。"还有的说："从6月到现在咱们闹腾得够久了，其实学校和老师也不容易。"

留下来的家长，尽管暂时"无奈"地离开了，但是毕竟情绪得到了再次释放。

圆满解决

暑假里，还有个别"不甘心"的家长继续通过上访、写信等各种方式表达自己在金都校区上学的"当然权利"。发生一起，学校就耐心地沟通一起，争取每一位家长，引导家长客观、冷静地沟通，换位思考。

"返校日"之前，学校给需要调整到金泰先锋校区上课的全体二年级家长发了一封感谢信，告知学校资源调整的最终方案，在感谢家长支持理解的同时，通知了学生返校的日期和地点。班主任老师也不忘"温馨提示"家长返校的具体注意事项。

"返校日"当天，真有个别金都杭城小区的家长把孩子送到学校高部，然后就迅速离开了。学校专门安排一位教师把几个孩子护送到低部校区，路上跟孩子有说有笑，丝毫没有埋怨家长的意思。

不过，也就仅此一天，后面再也没有家长需要学校做"二传手"了。

开学之后，低年级和高年级的同学分别前往不同的校区上课，一场轰动全校的风波终于平息了。

事件反思

让子弹飞一会儿

“让子弹飞一会儿”，来源于2010年年末电影《让子弹飞》中的一句对白。

其引申义是指，什么事情让它发展一会儿，不要急于下结论或者采取措施，静观事变，都是顺其自然的事情。

有时，让子弹飞一会儿真的不是坏事，在事件中每一个群体都得到了成长，这远比问题得到解决重要。

但是，让子弹飞一会儿，并不是让子弹肆意乱飞。

察势者明，趋势者智。

在金都校区“罢课风波”中，我们并没有急于给家长解决问题，向家长“妥协”，而是通过耐心与智慧，让罢课的“子弹”持续多飞了一会儿——

以勇于担当的自觉、直面问题的勇气、等待时机的耐心、换位思考的诚意、共情共商的智慧，利用一切能利用的机会，多渠道、多层面、多角度地把“解释说明、沟通交流”做到了家长“心坎上”；

以垂杨柳中心小学教育资源整合的成功案例、成功经验向家长们证明校区调整的必要性和重要性，有效打消家长的疑虑，逐步引导家长消除偏见，回归理性。

这是一次轰动全校的危机，同时也是一次向全体家长充分坦诚垂杨柳中心小学领导集体与教师团队的胸怀与善意、责任与担当的机遇，既促进了家校合作，又加深了家校友谊；既夯实了家校共育的根基，又增进了家校共育的共识；既表达了学校集体的诚意，又扩大了学校集团化办学的影响。

在整个危机处理过程中，务实、忙碌而真诚的垂杨柳中心小学领导集体与教师团队无时无刻不在家校共育的舞台上传递着“待人以诚，以期人诚之待我”之意，无不透射着真诚的意图、合作的愿望、责任的体现以及学校信用的保持等内涵，赢得了家长尊重，凝聚了广泛共识，促成了问题解决，为家校合作共育的前景及愿景增添了更多的勇气和活力，也由此引发了学校干部、学校教师、学生家长油然而生的获得感与幸福感。

学校干部们普遍感到，需要对社会有更大的包容和理解，更加勇敢面对未来的机遇和挑战。

学校教师们普遍感到，需要对家长有更多的沟通和指导，更加智慧解决可能的误解和分歧。

学生家长们普遍感到，需要对学校有更多的信任和支持，更加懂得尊重学校的安排和决定。

“真者，精诚之至也；不精不诚，不能动人。”

只有在“真”上下功夫，在“诚”上显态度，在“实”上做文章，才能求得共识和共赢的到来。在“罢课风波”的解决过程中，我们也更坚定了教育人的使命与担当：在履行教育职责的同时还要主动担当社会责任，在服务学生家长的同时也要主动引导，敢于对“闹”的行为说“不”！同时，我们要用理性的行为引导家长，感化家长，为和谐社会助力。

所有的付出终将得到回报，自“罢课风波”后，金都分校再也没有发生过一次意外群体事件，传说中的“金都家长”成了最可信赖的学校支持力量。

教育勇气

题记

小勇，血气所为；大勇，义理所发。

——朱熹

事件回放

网络造谣，让学校陷入“装修风波”；老师与学生发生肢体接触，被家长索赔 50 万元；被同学的衣服拉链刮伤，老师无奈自掏腰包……

这些案例虽然具有一定的戏剧性，却真真实实地发生在校园之中。面对社会一些不良风气、不良行为，作为学校，作为教育工作者，我们有没有勇气勇敢说“不”？

装修风波

2016 年 6 月，北京市某小学多位家长反映，在操场进行队列彩排后，孩子出现了头晕、恶心、流鼻血等症状，怀疑是由学校修缮操场引起。一些家长在学校门口聚集，发出了“铲除毒操场，救救孩子们”的呼声。事件通过媒体迅速发酵，由此引发了全社会对学校的关注，特别是别有用心的人在网上发布不实言论，更加引起了家长的不安，学校的公信力也在下降。

2016 年的夏天，“铲除毒操场”成为许多北京幼儿园、小学生家长的“心头大事”，由此也引来了社会对学校教室空气质量、桌椅是否环保等的关注。

而恰恰也是在这个夏天，由于我校低部校区的教室墙面脱落严重，存在极大安全隐患，妨碍了学校正常教育教学活动的开展。经上级有关部门实地调查后，决定在2016年暑假期间对教室墙壁进行综合改造。

学校经过多次调研后，选取区教委国资中心入围企业作为本次改造的施工单位，并由国资中心选派的监理人员进行全程监督，对装修材料进行严格把关，以确保施工质量。该工程进展顺利，于2016年8月10日全部完工。

改造工程竣工后，由北京市建设工程质量某专业检测所有限公司对室内空气中的甲醛、氨、苯、氡、TVOC（总挥发性有机化合物）的浓度进行了环保检测，检测结果完全符合国家标准，甲醛、氨、苯、氡、TVOC的浓度均低于标准（Ⅰ）类限量值的要求。

综合改造使学校低部校区的教育教学环境大为改善，彻底消除了安全隐患，解决了学校、老师和家长们的后顾之忧。

没想到，一场危机正悄悄袭来。

先是有老师发现网上有人发布了关于垂杨柳中心小学教室装修的文章，作者竟然把学校装修和“毒操场”联系在一起，用大篇幅介绍了某小学毒操场对学生的危害，又毫无事实根据地杜撰学校教室有空气污染，显得“有数据、有图片、有真相”。

一石激起千层浪。陆续有家长到学校询问学校装修情况，特别是一年级家长更加关心教室装修是否会影响学生的身体健康，陆续出现给孩子“请假”的现象。

稍有不慎，事件就有可能朝着不可预知的方向发展。解决不好这场“遭遇”，很可能成为群体事件，不仅会在社会上引起轩然大波，还会严重影响学校正常教育教学秩序，给学校形象与品牌带来致命打击。

学校高度重视，迅速作出回应：一方面对来校问询家长进行耐心解释，另一方面当机立断，决定立即召开家长说明会，消除家长对学校的质疑，防止事件继续发展。

在《致家长的说明信》中，我们详细陈述了学校教室装修的来龙去脉，从施工单位的选取、监理公司的监督，特别是环保监测的结果进行了一一列举，并公布了学校咨询电话，以求初步缓解家长的质疑及担心。

2016年9月13日，我在低部校区多功能厅召开了一、二年级家长会，会前家长交头接耳、七嘴八舌，有的表露出气愤的神情，有的满脸充斥着质疑……空气凝固，真有“大战”即发之紧张。

会上，我没有过多对这件事进行说教与解释，而是直奔主题，向家长公开学校连续三年争取教室改造项目的文本，讲解施工单位的资质及选取过程；出示监理单位的工作记录，特别是家长最关心的室内粉刷涂料的品牌、合格证书及环保监测的相关信息，并承诺：如果家长还有质疑，可由家长联系第三方检测机构进行检测，如果检测结果不合格，学校承担全部责任，包括铲除墙面、更换学生上课地点。家长会后，我们组织全体家长参观综合改造后的教室。

对于那篇引发家长对学校空气质量恐慌的源头文章——在毫无事实根据下杜撰学校装修及学生身体不良反应的文章，我们选择直接给那个微信公众号留言：

尊敬的小红帽同志：您好！

首先感谢您对我们学校的关注，对学生的爱心，真诚邀请您随时到学校实地参观调研，以便全面了解我校教室改造的审批、施工、检测、使用、应对质疑等情况。真诚希望您亲自到教室闻一闻有没有“刺鼻的味道”？在教室里坐一坐感受有没有眼睛的不适？看一看学校除了加固和粉刷教室墙面，有没有您文章中所说的其他工程和更换桌椅？了解我们有没有“多名学生出现头晕、呕吐、流鼻血”和停课现象？感受一下我们有没有为隐瞒事实，“严格禁止家长进入校园”，核对一下那些“恐怖”的照片拍的是不是我们校园和学生……

我们在留言最后写道：对于不负责任的言论，给学校造成消极影响，给社会造成恐慌，必要时我们将拿起法律的武器坚决捍卫学校、教师、学生的合法权益。

并附上了学校负责人电话、地址。

留言发布后，那篇文章“秒删”了。

公开透明、快速应对、开放真诚、有理有据，学校的态度及行动赢得了家长的信任，一场“暴风骤雨”消失得无影无踪。

俗话说：时间是解决问题的良药，有时需要通过长时间解除隔阂，有时需要短平快化解矛盾，用行之有效的方法快速建立信任，然后解决问题。

家校之间问题的解决要审时度势，有效利用时间维度的“四个原则”，即计划打算、实施运作、检查纠正、总结评审。家长与学校要“打开天窗说亮话”，建立信任；学校要以检查、纠正、保证对程序和规则的遵守，形成学校处理家校纠纷的运行模式。

50 万元赔偿

在办学中，遭遇家长的经济索赔屡见不鲜，最常见的是因学生意外受伤的索赔。但在我们学校，却出现了这么一件事——参加工作 30 年的齐老师，因为“没收”一位学生的一个放大镜被学生家长索要 50 万元的赔偿。

某个周五下午第一节语文课，齐老师讲解“目标检测”的错题，小陶同学没有听讲，在偷玩放大镜。齐老师见提醒后他仍继续偷玩，就走过去没收了孩子的放大镜。

下课后，老师拿着放大镜到隔壁教室准备上课，小陶追进来找齐老师要放大镜。

齐老师说：“放大镜可以还给你，但是你要说说，‘你的放大镜为什么在我这里’。”

孩子没有回答，只是说：“那是我的放大镜，你必须还给我。”然后夺过放大镜就走出教室。

齐老师见孩子情绪不好，就跟了出来，拉住孩子要继续沟通。拉拽中，小陶居然踢了齐老师一脚。这还了得，齐老师把小陶“摁”到墙上又一通“教育”。放学后，还跟小陶妈妈“告”了一状。

像齐老师这样的老教师在学校并不罕见，认真、负责，跟孩子“较劲”时候的样子，“可爱”得不像“师生”却更像“母子”。

周末，小陶还参加了全市街舞比赛，周一早上却没来上学。班主任询问家长，得到的回复是“小陶胃不舒服”。

转眼到了周三，小陶家长约见了校区主管校长，反映“上周五在和齐老师的拉拽中，小陶的头碰到了墙上，造成孩子头晕头疼”。

校区主管校长仔细调查、多次沟通，效果并不明显。我作为集团校长，也出面接待了家长三次，了解“核心诉求”并劝解家长。

——“这件事如果放到媒体上，你们学校就臭了，老师的饭碗就砸了……”

——“小陶爸爸是外籍人士，如果去大使馆表达诉求，你们就不怕引起国际社会的关注……”

——“我们不想对学校和老师怎样，就要求赔偿50万元，这事儿在某国赔偿起步就得100万元……”

学校查看了监控，也应家长诉求，允许家长查看了监控，证明齐老师确实有“拉拽学生”的情况。而家长在“信访投诉”中所写的“齐老师多次推倒学生，导致磕到头部，致使学生受伤”根本是子虚乌有。

虽说齐老师刚教小陶他们班语文课不久，但齐老师的姐姐跟小陶家住邻居，小陶刚入学的时候，其家长还拜托齐老师多加照顾。按理说，他们应该有很好的情感基础。所以，齐老师对于小陶家长的行为怎么也无法理解。

齐老师已从教30年，是一名优秀的班主任，作为一名老教师，出现家校矛盾之事，令其更加自责，心理压力很大。出于关心孩子，也希望能和孩子见面沟通，齐老师曾多次表示登门看望，均遭到家长的拒绝。

齐老师向学校表态：“拉拽学生是事实，我没什么委屈和想不通的。”为了学校、为了孩子，齐老师主动坚持借小陶家长到校的机会和家长当面做沟通，真诚道歉，恳请家长原谅。

学校历来高度重视所有家长反映的问题，从接到小陶家长的反映后，立即调查并与家长当面沟通了十多次，持续近3个星期。最终，家长“执着”于3个诉求：

1. 要拷贝监控视频；

2. 要学校及校长的书面处理意见；

3. 要50万元精神损失费。

对于小陶家长的3个诉求，学校进行了回应：

1. 关于监控录像，不能拷走。北京市人民政府第185号令《北京市公共安全图像信息系统管理办法》规定，要遵守图像信息的使用、保密制度，不得擅自提供、传播图像信息，对涉及公民个人隐私的图像信息予以保密。根据要求，学校会长久保存好，如有需要，有关职能部门可以随时调取。

2. 关于学校处理意见，学校经校务会研究形成了初步的处理意见，可以给家长提供。

3. 关于50万元精神损失费的赔偿，如果家长向学校索赔，有两条途径，一是通过校方责任险，二是通过诉讼，出示具有法律效力的书面裁决。学校劝导家长走正常途径，学校不推责，对老师的错误不姑息。

另外，小陶家长还曾求助警方。双井派出所接警后，学校积极配合派出所进行调查取证。北京市公安局朝阳分局下达了裁决书：小陶家长状告齐老师殴打孩子的违法事实不成立，决定不予行政处罚。

尽管如此，学校依然向家长和社会承诺：

1. 密切关注小陶的身体和心理健康状况，本着“儿童第一”的原则，一定会对孩子未来的教育尽心尽力，负责到底。

2. 进一步加强师德师风建设，召开全体教师会，以此为案例剖析问题，警示干部、教师一定要严格按照《教师职业道德规范要求》开展教育工作，对全体教师加强管理、教育、指导、考核，进一步改进工作。

3. 启动问责程序，对于当事教师的不当做法，从严从实进行诫勉和批评教育，针对情节轻重和当事人的态度，通过校务会、教代会形成处理意见。

在事件处理的整个过程中，齐老师除了积极配合学校外，还密切关注着两个班级其他学生家长的动向，避免其他同学和家长出于“关心”或“义愤”等情绪而给小陶家长带去压力，没有给事情增加任何复杂的“变数”和“成分”，始终坚持“就事论事”和“对事不对人”的原则，表现出对自己充分的自信、对领导坚定的信任。

齐老师这样的做法，也正是垂杨柳中心小学所弘扬的。毕竟“人无完人，孰能无过”，老师是人，也不是神啊。

而学校对于此事，始终不推不躲、不卑不亢。对于家长处理问题的方式包容、尊重，但也明确指出其做法的不当，会给孩子成长带来不良影响。小陶家长最后承认“自己听信了别人的‘指导’，错误地认为老师为了饭碗、学校为了声誉，一定会拿钱出来‘摆平’这件事”。

在学校的坚决说“不”中，一场赔偿金额高达 50 万元的风波得以平息，家长也在事件处理过程中意识到了自己险些铸成大错（涉嫌构成敲诈勒索罪）。

在事件发生后，齐老师坚持以孩子为中心，即便是面对家长的“索赔”，也依然对小陶的学习尽心尽责，最终用自己的言行成功化解了矛盾。

息事宁人

曾有一次，在学校放学、等待家长来接时，两个一年级孩子玩在了一起，其中一个孩子被另一个孩子的衣服拉链给刮伤了。

老师闻声过来查看的同时，两个孩子的家长也恰好都赶到了。受伤孩子的姥姥一看自家的孩子伤情不重，非常通情达理，客气地拒绝了老师和另一方孩子家长要陪同看病的好意，表示“自己带孩子去上点药就行了”。

第二天，受伤孩子的妈妈来到学校，拿着孩子看病的收费凭证，要求学校报销。原来，那天晚上姥姥带孩子去了学校旁边的私人诊所，花了 800 多元，不能通过医保报销，便要求学校给出这笔费用。

班主任提出，可以把另外一个学生的家长找来协商。可受伤孩子的妈妈坚决反对，觉得“这会让我们没法做人了，这笔费用就应该由学校出”。

负责校方责任险办理的老师指导家长：因为私人诊所的花费，也不能作为办理校方责任险的凭证，如果家长有诉求，学校也尊重和支持，只是需要家长配合学校取得具有法律效力的凭证。

这位家长一听更是火冒三丈：“为这点事，你们让我去打官司?！学校必须赔钱，今天不给我钱，咱谁都甭走！”

见到家长这样的态度，当时在场处理问题的年级主任自己掏出钱来就给了家长。

事后，这位年级主任向领导汇报说：“我拿出800多块钱不算什么，省得家长再为这点事没完没了。如果另外一方的家长知道了，也许还会引起新的矛盾，会影响班级团结。”

事情发生之后，年级组里的10多位老师都纷纷安慰年级主任，大家还发了“红包”，都想替她分担一下。

看似温暖的结局，其实埋藏着“隐患”。

学校经研究决定，必须通过这样一个看起来不大的“小事”，纠正大家对此类问题以及类似问题处理的错误认识与错误方法。

为此，我们找来受伤孩子的妈妈，可以预见，她对此非常反感，认为“学校出尔反尔，这么大的学校，校长办事还没有一个主任大方”。

我们向孩子妈妈耐心地解释：

“只耽误双方家长半个小时的时间，约人民调解员按照调解规定出具‘调解书’，再配合学校申请‘司法认定’，就可以申请校方责任险报销这笔费用了，即使校方责任险不予报销，由学校支付就有了法律凭证。”

“让老师自掏腰包满足您的诉求，自己又于心何忍？其他家长要是知道了，又怎么看待你们的行为?”

……

一番“动之以情，晓之以理”的劝说与指导，最后，孩子妈妈终于同意配合学校工作，双方家长到学校接受了人民调解员的调解。最终，“赔偿事件”也得到了圆满的解决。

这件事后，两位孩子的家长对学校工作更加理解配合，还同意我们在家长会上分享这件事，让所有家长进一步认识和理解“学校对发生意外伤害事故的态度和处理办法”。

通过这件事，我们也给干部、教师、家长上了一堂“完善矛盾多元化解机制，积极推动人民调解、行政调解、司法调解衔接联动，推进诉讼与非诉讼方式有机衔接，建立规范完善的公众参与和规则程序，提高矛盾纠纷多元化解的整体效果和效力”的生动教育课。

事件反思

说“不”：需要勇气，也需要智慧

我所在的垂杨柳中心小学是一所集团校，近万名学生背后不仅是近万个家庭，更是数以万计的家长群体。因意外事件或突发事件引起的师生之间、家校之间的问题解决，受不同地域、不同文化、不同心理和诉求的影响，让我们在履行教书育人神圣使命的同时，也在通过家长认识社会众生、领略人生百相。

把握契机影响和带动家长，传播中华民族优秀文化，弘扬“仁义礼智信、温良恭俭让、忠孝廉耻勇”的传统美德，在家校共育的教育实践中坚持培育和践行社会主义核心价值观，是当今教育工作者不可推卸的社会责任。

但是，在办学治校的过程中，难免也会遇到家长的不合理要求。当面对不合理要求时，我们要有说“不”的勇气，也要有说“不”的智慧。

说“不”的勇气

建设社会文明、促进社会和谐是我国社会建设的重要目标和特征。谁都希望我们生活的社会文明水平不断提高，然而，没有和谐稳定的社会环境，社会文明就无从谈起；没有和谐稳定的家校关系，教书育人也就无以落地。

正确处理人民内部矛盾，尤其是涉及广大人民群众切身利益的矛盾，是保持社会安定团结良好局面的关键。习近平总书记指出："对人民内部矛盾，要善于运用法治、民主、协商的办法进行处理。"

这也是我们近年来践行学校办学理念、处理家校矛盾纠纷过程中所遵循的原则，努力做到"早发现、早预防、早处置"，引导广大师生和家长树立规则意识，推动形成"办事依法、遇事找法、解决问题用法、化解矛盾靠法"的良好环境。

在教育实践中，我们要弘扬"生命至上、安全第一"的思想，从源头上预防和减少矛盾；我们也要坚决抵制社会不良现象，拿出教育人的勇气，对"校闹"现象坚决说"不"。

近年来，社会上各种"无理取闹"行为逐渐演变为一种"社会病"，并有越演越烈之势。对闹事者缺乏制约措施、"闹事者有甜头"是其主要原因。在家长的"闹"中，一些学校为了缓和矛盾，宁愿采取"花钱买平安"，却不敢对"闹者"说"不"，这也使得"闹者"趋之若鹜。

李镇西在《校长的第一压力——由刘爱平校长跳楼自杀引出的思考》一文中写道："中小学生安全成了校园头等重要的大事，也成了校长的第一压力。"为了"安全"，当家长"闹"起来，许多校长都会想着息事宁人，步步退守，直到接受不合理的要求和条件。

李镇西在文章中说："办学校当然应该接受社会监督，这个'社会监督'应该体现于一定的民主制度和科学程序，但现在只要有一封举报信，就可能搅乱学校的工作。""但现在只要有'举报'，不问青红皂白，一律'问责'。而且'举报'的级别越高——如果'举报信'投到了'市长信箱''省长信箱'，校长的压力就会越大，无论所反映问题是否属实，一律要写'回复'和'处理意见'。当然，如果举报属实，肯定应该也必须认真对待，但问题是很多时候并不属实，同样要'走程序'，这无疑助长了匿名诬告的恶劣风气！一封不实举报信，就把学校搅得天翻地覆，这耽误了校长多少精力？耽误精力还是小事，关键是'举报率'关系着年终考核，这就关系到教师的实实在在的利益了。校长焉能不倍感‘压力山大’?”

当越来越多的家长不合理要求，甚至是“校闹”出现时，国家也出台了相应的举措，为学校撑腰，为教育人呐喊。教育部等五部门联合印发的《关于完善安全事故处理机制 维护学校教育教学秩序的意见》（教政法〔2019〕11 号），明确了坚决打击的 8 类“校闹行为”，以往在学校摆花圈、拉横幅、放鞭炮、放哀乐、恐吓纠缠教职工和学生等行为均被列入，8 类行为基本涵盖了这几年出现过的各种“校闹”问题。

当政策法律为我们“撑腰”时，面对家长不合理的要求和不当行为，我们要有勇气，敢于说“不”。

说“不”的智慧

学校和教师因学生人身伤害事故频频被置于风口浪尖，学校承担着不应当由自身承担的责任和压力，导致一些学校不敢正常开展课外活动和体育活动，不敢正常批评教育学生，有的甚至被迫中断正常的教育教学秩序。学校成了“弱势群体”，一旦“出事”，校长、教师只能“被动挨打”，只能“积极赔钱”。

“由大智中产生大勇，由理解中加强信心，是最坚毅的大勇与最坚强的信心。”（邹韬奋语）也就是说，那些有“底气”的人，才能更从容地说“不”。对于学校也是一样，学校要有足够的“底气”，对不良行为说“不”。而“底气”的来源，则考验的是办学者的智慧——大智生大勇。

从 2013 年任垂杨柳中心小学校长开始，我就有意识地借助处理家校问题，引导教师和家长从问题视角去理解和践行“学生成长、教师发展、家庭幸福，进而推动社会和谐进步”的生命成长共同体的价值和追求。

我们相信“道德中最大的秘密是爱”，一次次掀起“爱的波动”；我们深知努力发出的爱的讯息不一定能同步到达，因此，有时需要我们更勇敢、更坚定。

我们始终认为，直面学校或家校之间出现的矛盾，把握每一次处理问题过程中锻炼队伍、引导家长、影响社会的契机，是推动学校、社会和谐进步的重要内容和有效策略。

我们也深深地理解“为人父”“为人母”的心情。作为父母，孩子身上无小事，我们非常理解和同情家长面临其情其境时的情绪释放，但也绝不原谅、绝不姑息、绝不纵容那些不分青红皂白聚众闹事、坐地起价、肆意妄为的“校闹”，对此也绝不妥协。

在努力办好人民满意教育的路上，我们不仅获得了因学校发展成效带来的幸福和自豪，更取得了因家校密切合作带来的温暖和自信。学校治理的持续加强、管理能力的逐步提高、师德建设的不断巩固，使得我们的干部教师队伍切实拥有了健康、向上、担当的精神气质，在立足做好学校教育的同时，影响和带动家庭教育，保障和推进社会和谐稳定。

法律让我们可以对于那些无理取闹的“肇事者”，理直气壮地说“不”，但是最终化解矛盾，还是需要校长和教师的智慧——以理服人、以法引人、以情动人、以德感人，让“闹者”在校园里“寸步难行”。我们也呼吁每一位家长，都能做一位理智、冷静、睿智的家长，让我们的行为给更多的孩子当好榜样。

特殊学生篇

花开有声

题记

每一粒熬过冬天的种子，都有春天的梦想。

——孙树恒

事件回放

清晨聚集

如同每一个普通的清晨，那天我走在通往学校的路上。

金都校区，地处交通密集的百子湾桥西，每天上下学期间，学校附近都会更加拥堵。

上学时还好，家长们一般把孩子放到学校门口，见孩子进了校门便放心离开，各自奔赴工作岗位。放学就不同了，家长们会聚集在学校门外的便道上，等孩子的同时也交流一下各种话题。

这天早上的状况显得有点异常。一些家长送完孩子并不急着离开，而是聚在一起讨论着什么话题。察觉家长们见到我欲言又止的样子，我关切地询问："家长们是有什么事吗?"

"啊，校长，您先进去吧，我们再等等。"

"再等等?"凭家长的语气和表情让我感觉到："有事!"

"校长，您先上楼吧，我在这儿。"

早已经在学校门口值周的德育主任好像知道家长们的来意，连忙为我解围。

我刚到办公室，德育主任的短信就发来了："校长，门口的几位家长是四（2）班的，他们想聚齐了找校长，还是因为小春的事，您心里有个准备，我尽量做家长的工作。”

目标小春

随着学生的陆续到达，学校门口已经聚集了30多位家长，看来德育主任的尽力解劝没有效果，为了避免在其他家长眼里产生误会，我通知德育主任将家长请到学校会议室。

我一进会议室，等候在里面的家长你一言我一语的，根本停不下来：

“我们把孩子送到学校，最起码要保证我们的孩子安全。”

“我们也不想针对谁，学校得给我们一个说法。”

“学校老是说教育、理解，可是谁理解我们呢？”

“今天校长必须给我们一个保证：他不能再欺负我们孩子。”

“该找的地方我们也找了，既然都没有办法，我们就只有找学校。”

家长们的情绪很激动，总而言之一句话：“忍无可忍！我们的孩子就是不能再和小春在一个班，将他转走。”

小春其人

家长们口中的小春是学校的“名人”，别看全校1500多名学生，记住他可太容易了。

一年级入学的“观察环节”，这个帅气的“小伙子”并没有引起招生干部的注意，被分在了新教师彤彤班里，而这险些把我们这位刚刚参加工作的优秀毕业生对教育工作的信念和热情一下子全部浇灭。两个星期之内，新教师的班里因为有小春而闹出了一系列的“故事”与“事故”。还是年级组长梅老师及时出手，把小春调到自己班，才让大家把心放下来。

梅老师在我们学校算是“包治百病”级别的班主任了，有“小瑕疵”的学生在梅老师的教导下都能更加“完美”。可是这个小春的“惹祸功夫”，堪比梅老师30多年带过的任何一个“淘气包”：三天两头闹出点动静，咬人、打人不说，犯了错误还特别“嘴硬”，永远都是别人的不是，违反学校及班级纪律简直就是“家常便饭”。

小春的妈妈无奈地向梅老师求助：“这孩子从上幼儿园就不让我省心，经常把别的小朋友弄伤，被幼儿园劝退，我们换了三家幼儿园。多亏上学了，多亏遇见您，可得帮我好好管教！”

到了三年级，梅老师退休了，换了班主任。这期间，小春的父亲得肝癌突然去世。也许是家庭的意外变故，小春的暴力倾向也越来越严重了。与班级同学冲突不断，一言不合，便对同学拳脚相向。

无助的家长曾经把孩子送到社会教育机构矫正过，但她发现事与愿违，感觉还是在学校里面更安全、更有效。家长希望能够找到相应的学校，但是现在公办的矫正学校（类似原工读学校）只接收年满 13 周岁，也就是初中以上的孩子。

实在没办法，只能又把孩子转了回来。

顾此失彼

面对小春转回学校的请求，我们觉得不能辜负家长这份信任，接纳和帮助这个孩子是我们应尽的义务。于是欣然接受并把他安排回原班。

为了小春，学校干部、教师可谓费尽心机。

接收这样的学生，在我们眼里并不新鲜，无非是挑战我们的耐心、考验我们的教育智慧，对于遵从“全接纳，慢引导”理念的我们，原本都不算什么，最让我们为难的，却是同班学生的家长们。

在小春入学以后，我们花在教育孩子身上的时间和精力远不如花在家长身上的多，只要小春与同学发生冲突，我们总要面临与家长的沟通和调解，往往孩子们之间早就没事了，可家长还是不依不饶。

跟学校老师们比起来，小春的妈妈就更是不知遭受了多少指责，给大家赔了多少不是，有时候老师实在心疼这位不幸的妈妈，不得已时会找小春的姥姥来为小春惹的事予以善后。

可是，站在其他家长的角度来说，凭什么自己的孩子就“活该倒霉”，要待在这样的孩子身边？尤其是小春再次转回班里，依然是“老样子”，让家长们更是十分不满。家长们联名往上级主管部门写信，要求把自己的孩子和小春分开，学校和小春妈妈一样，只能是一次次解劝，一次次承诺，最终却又一次次食言。

因此，为小春的成长，我们同时承受了其他家长“双倍的声讨”，但是始终没有找到解决好这一道难题的途径。

亮明观点

在家长的一言一语中，我感觉小春已经成了家长们的“眼中钉”。我听了半天全都是已经了解的事情，没有这两天的新发事件，这次“清晨聚集”找校长的唯一诉求就是：“我们的孩子不能再和小春在一个班。”

在经历了家长们的一圈“轰炸”，终于可以说话的时候，我先给家长们深鞠一躬，说道：“让大家因为小春，长期遭受这么多的困扰，实在抱歉!”

我向大家表明，首先，“这一躬”是为我们没能给孩子们一个更好的同伴共同成长的环境，让大家担忧而鞠。

其次，“这一躬”也是代表小春的家长而鞠。陪伴这样一个孩子成长，比一般家长要付出更多心血，因为家庭的特殊情况，小春妈妈为孩子所付出的努力，所承受的压力，让人同情，更值得尊敬。

再有，“这一躬”是为我们国家教育发展的水平而鞠。对于小春这样的孩子，除了在普通班级中慢慢“矫正”，目前还没有更适合他的教育机构和学校编制设置。

这些年，学校作出的努力大家有目共睹，小春妈妈作出的各种尝试与积极努力，我们心中有数。目前，除了学校让她放心，让她看到希望，没有别的途径。“回来”是小春享受义务教育的权利，也是一位母亲对学校的信任，对学校的信任不仅是对老师、对同学，也有对其他家长们。

对小春，我们从来没有放弃过，未来两年，我们会更加努力践行垂杨柳中心小学“让生命阳光般灿烂”的办学理念，谁也没有权利将小春拒之门外。

再研对策

家长们那天的"清晨聚集"，小春妈妈是知道的，因为个别同情她的学生家长事后向她作了解释。小春妈妈十分感激校长的态度，回到家里也把发生的一切全都告诉了小春。

十来岁的孩子，也许是真的听懂了什么。班主任反映，小春"第二天上学格外的乖"。

按照学校昨天研究的方案，小春所在班级召开了班会，增进大家对小春离开班级这一段学习生活的了解，同学们对小春不一样的学习体验很感兴趣，得知因为想念亲人，想念老师和同学，小春在新的环境很不快乐，连受小春欺负过的同学都说："小春，我原谅你了。"

除了班级环境的进一步营造，学校为小春制订了更为系统的、有针对性的"个别培养计划"，实施全程关注、全员参与、找寻亮点、激发内心、家校协同等措施，多管齐下。

我反复强调："个别培养计划"，不是研究怎么将小春"礼让出境"（毕业前的权宜之策），而是在未来的两年里力争将这棵小苗扶正，力争引导他身上的能量正确释放。我们提出：小春的成长和小春所在的班级文化、学校协同共育效果，是检验学校立德树人水平的试金石。

共同成长

后来的两年，小春在成长，我们大家也都在经历成长。

帮助所有孩子学会交往。小春的母亲很要强，当小春在幼儿园和小朋友发生冲突以后，批评教育不成就转换环境，孰不知也许那正是他的一种交往方式呢。上学以后，其实小春并没有做好与同学如何相处的准备，好在梅老师打下了初步的基础，但是一连串的变化使小春成长中出现了新问题，这时家长再一次将他和伙伴隔绝。班主任发现，长大以后的小春打人的原因，大都是看不惯同学的做法，其实事后他也很后悔。

细数起来，小春每次打架的对象，总是班上那几个"淘气鬼"。小春勇敢，不怕事，平时爱打抱不平，喜欢为软弱的同学出头。当把目光着眼于他的本心，老师处理的时候就更公平，而避免将错误习惯性地归咎到小春身上。由于后来班集体良好氛围的进一步建立，孩子们自己处理问题能力不断增强，家长们也逐渐学会让孩子自己承受成长中的困扰，更具同理心，也更相信自己的孩子。

帮助每个孩子体验成功。小春很聪明，学什么都快，会了就不再听讲，本身又好动，自然就成了课堂上的“捣乱分子”。对此各学科老师都要考虑为他提高一个教学的梯度，总是为他设置“挑战”，让他无暇他顾。

小春的进步需要慢慢来，想一下子将他变成温文儒雅的孩子是不可能的。小春的进步依靠大家帮，每个学科教师都去发现他身上的一个闪光点，慢慢地增亮，汇集在一起才会实现质的飞跃。

音乐老师把小春的“京剧串烧”分享给同学们，培养他对京剧表演的兴趣，让同学们懂得欣赏“小魔头”的另一面。

体育老师不再嫌小春添麻烦，吸纳他到篮球社团，告诉他：“看你们班主任面子!”果然起到震慑作用，“没有给班级丢脸。”

点点滴滴，小春逐渐有了新的“人设”。

为孩子们树立担当的榜样。我们的校训是“健康、向上、担当”，学校在小春问题上的坚持，就是传递着一种担当精神。这种精神直接感染到家长们，使大家考虑问题不再仅从自己的需要出发，而是理解学校立场，共同担当所有孩子成长的责任。

培养孩子的担当精神要从自我担当、家庭担当、集体担当、社会担当循序渐进。所有人的坚持和努力，潜移默化地影响和改变着小春。从自我的积极向上、克制和约束自己开始，小春懂得了“不让妈妈担心”，懂得了“照顾姥姥的身体”……所有与小春共同成长的孩子，不但没有接受负能量，反而更加积极向上。

意外惊喜

前不久，在汇文中学垂杨柳分校，“新时代教师队伍建设策略”研讨会刚刚结束，我和同行的校长一起走出会场，正准备离开的时候，一个高大的男生跑了过来：

“钟校长，您还认识我吗？”

“这不是小春吗？”

“嗯，您怎么到这儿来了？”

“我来开会，你怎么样？妈妈还好吗？”

交谈中，我一直在寻找小春原来的样子，真不敢相信，眼前的这个少年就是小春，才一年多的时间，变得又高又壮，尤其是谈吐落落大方、有礼貌，我真快认不出了。

那天，我真的听到了花开的声音……

事件反思

“共同体”理想应辅以“接纳计划”

如果你家里有一个与众不同却不被人理解、不令人满意、被群体排斥的孩子，你怎么办？

心理学研究表明，在儿童期即便不被人喜欢，孩子也不会从自己身上找原因，因为他们还没有学会像成年人那样，用别人的眼光来审视自己。

本事件中的小春就是这样一个孩子，他这个“特例”是因为家庭环境的变化、成长经历的复杂，进一步固化甚至强化了他的特殊性。在集体生活中，他不被人理解、不令人满意，直至被班级里其他学生家长集体排斥。

面对这样一个孩子，学校又能怎么办？

我们的理念：引导所有人学会接纳所有人

多年来，垂杨柳中心小学以“让生命阳光般灿烂”的办学理念、“全接纳”的育人主张、“构建生命成长共同体”的教育实践，主动履行、积极探索“努力让每个孩子都能享有公平而有质量的教育”的教育使命和实现方式，其立命之高、立心之正、立教之实，一直以来备受社会各界的认可与称赞。

“全接纳”，具体而言是指“接纳所有的孩子，接纳孩子的所有”。在办学实践中，特别是通过“小春案例”，我们发现，“全接纳”不仅应是全体垂杨柳中心小学教师的教育使命和教育准则，更应该成为全体学生以及学生家长的“成长准则”与“行为准则”，因为每一个教师、学生、家长都是“构建生命成长共同体”的“利益相关者”与“关键参与者”。

“引导所有人学会接纳所有人”，这一教育理念上的进一步认识，既得益于我们在“小春案例”中面对教育理想与现实压力“双重考验”下的执着坚守，也是“小春案例”最终得以较为圆满解决的思想条件与现实基础。

在“小春案例”中，我们一开始采取的方式，是更多地把目光放到了教师团队以及小春身上，更多地要求教师为小春在校内外的学习、生活等各个方面给予照顾。然而对本校、本班学生及其家长们如何主动“接纳”小春这一方面，思考不多、措施不够、用力不足，没能形成一个“全接纳”的合力和系统，最终导致了家长们“清晨聚集”。

其实，对于小春来讲，改变与融入的困难有两个重要方面：一是自身的问题，二是本校、本班学生及其家长们排斥的问题。

如果小春的性格、心理等是“硬障碍”的话，后者则是他融入学校的“软障碍”。作为学校，我们需要从这两方面入手，这样才能真正让小春重回学校，与同学融为一体。

在让小春享受到更多学校层面、教师层面的理解与包容的同时，通过教育等多种方式做好本校、本班学生及其家长们的工作，让他们都能够敞开胸怀接纳小春，这是一个不可或缺的关键环节。

所以，在秉持“共同体”理想的同时，还应辅之以“接纳计划”，让小春感受到本校、本班同学及其家长们的胸怀与善意、友好与诚意，才是真正的“融合”之道。因为“构建生命成长共同体”，是一个有机整体，人与人之间不应互相排斥。

我们的实践：个别培养“扶正”成长方向

“一百个孩子就有一百个特点，一百个孩子就有一百种教育方法。”孩子都有其自身的特点，也必有其自身的闪光点，所以对于每个孩子的教育，我们首先要去发现他们的闪光点。

小春始终是一个孩子，是一个待成长的学生。他也许只是想用自己叛逆的方式来吸引你的关注，他也许只是想用他自以为正确的方式证明他的存在感，他也许只是需要被接纳、被认同、被赏识。

无论他曾在学校里如何“上天入地、无所不能”，无论他曾在班级里是怎么“惹是生非、无理取闹”，无论他在别人眼中是多么“好乱乐祸、捩手覆羹”，但也许他只是着眼于保护班级中最瘦弱的孩子，试图为他们撑腰；他也许只是在处理问题的时候选择了极端的解决方式；抑或也许只是想为班级做点好事，却好心办了坏事。他作为一个孩子，其实是希望自己被赏识的。因为，对于每个孩子来说，缺少的往往不是成功，而是善于发现他们身上的美的眼睛。

在“小春案例”中，校长、德育主任、班主任、科任教师……大家采取了系统的、有针对性的“个别培养计划”，始终坚持全程关注、全员参与、找寻亮点、激发内心、家校协同——小春的每一次点滴进步老师会第一时间在全班进行表扬；大家发现小春的特长并支持他参加京剧社团；大家鼓励他期末进行汇报演出……这一点一滴通过“皮格马利翁效应”得到最大的验证，逐步地将这棵小苗“扶正”，逐步地引导小春身上的能量正确释放，也使得教育回归到了“让所有人都得到最适合的发展、过最幸福的生活”这一最本原的使命之上。

我们认识每一个孩子，总要有一个切入点。一个恰当的切入点，往往会在处理孩子的问题上取得令人惊喜的效果。尤其是作为教师，面对着纯真还未受社会污染的孩子们，与其双眼看到他们调皮闯祸的一面，不如再仔细去发现他们善良美好的一面，把他们想得美好一点，再美好一点。每个孩子都有自己的闪光点，都有让你惊奇叹服的亮点，与其通过他的“不美好”认识他，还不如先用心去发现他的闪光点，从他的美好开始，也以美好的结局收尾。

我们的呼吁：给“特殊孩子”提供适合环境

被幼儿园劝退，连换三所幼儿园；遭遇家庭变故，只能独自扛起育儿责任；因年龄偏低，送往公办矫正学校无门，送至社会教育矫正机构，却发现事与愿违……只有在学校里面更安全、更有效的信念以及对学校的信任，让小春妈妈看到希望，在她面前，除了让小春回归学校，无路可行。

平心而论，小春妈妈是辛苦的、可怜的，也是让人同情的、值得尊重的。

面对小春，我们可以用教育方式方法的不正确总结其家庭教育的过失甚至失败，但是，我们不能因此而抹杀小春妈妈这份母爱的真实与努力。

一方面是公办矫正因学生年龄原因难以接纳更多学生，一方面是普通小学缺乏更多专业支持。小春的现象，绝对不是个案，还有很多情况类似的小春们以及家长们，正在教育与成长的道路上探索着，艰难前行。

为此，我真诚地呼吁，对小春这样的“特殊孩子”，需要社会更多的包容和接纳。学校、社区和家庭应当改变对这些孩子的态度和观念，尊重和保障他们的受教育权，并尽可能地给予他们更多的帮助和支持。

同时，像小春这样不适合公办学校、需要特殊矫正的学生，基于家长的需要和诉求、孩子的健康和成长，相关公办矫正学校（如原工读学校等）应该适当放低招生的年龄限制，实现“从小矫正”。希望政府在矫正教育学校或机构的编制设置上、政策实施上，能够给予这些特殊孩子更多的支持，提供更适合的教育环境和教育途径。比如，突破现有教育体制机制的限制，可以让年龄偏低但需要特殊矫正的学生在普通学校建立、保留学籍，定期或较长一段时间在矫正教育学校或机构接受矫正教育，待其有所好转或彻底矫正后再回归普通学校。

冰心曾经说过："世界上没有一朵鲜花不美丽，也没有一个学生不可爱。"即使这一朵花暂时枯萎，但只要你发现了它，因人而异地采取恰当的浇灌方式，它一定会回报你一个万紫千红的春天。

花开很美，静待花开的过程更美。

“熊孩子”的画展

题记

> 教育技巧的全部诀窍就在于抓住儿童的这种上进心，这种道德上的自勉。要是儿童自己不求上进，不知自勉，任何教育者都不能在他的身上培养出好的品质。可是只有在教师首先看到儿童优点的那些地方，儿童才会产生上进心。
>
> ——苏霍姆林斯基

事件回放

在垂杨柳中心小学金都分校教学楼二层与三层的走廊，学校专门开辟出了两大块墙面，为在美术方面崭露头角的孩子们提供一个展示的平台——“金都小画家”。这个小展台深受学生们的喜爱，不少学生都以能在此展示画作为荣。展示台不仅展示孩子们的绘画作品，还会配上他们的个人照片、简介等，让孩子们在小学阶段圆一次办个人画展的梦。

这几天，负责“小画家展示台”具体工作的美术教师陷入了“一片争论”与“一场纠结”之中——

原定的本期“小画家”小季同学“出事”了，还引发两个当事家庭之间的一场“赔偿纠纷”，他的绘画作品还能如期展出吗？

准备画展

小季是三年级时从其他学校转入垂杨柳中心小学的孩子。

转入没多久，美术教师欣喜地发现，小季对美术兴趣很浓、功底不错，并在校外也一直坚持绘画学习。

为了进一步鼓励小季的绘画兴趣，帮助他尽快融入新学校、新环境，美术教师郑重许诺，下一期，教学楼二层展区，将为小季办一次“个人画展”。

小季兴致极高，早早就开始准备起来。

被“遮蔽”的另一面

不料，小季在美术方面的优势与特点，“遮蔽”了他的另一面，直至小季“出事”了，美术教师才对他之前的情况“有所耳闻”。

原来，在以前的学校，小季违反纪律是家常便饭，甚至曾经把同学的眼睛打伤，在学校“实在待不下去了”，才转来了本校。

来到新环境，家长希望小季能改头换面。

不料，小季“我行我素”的表现依然令人“十分堪忧”——除了课堂捣乱、违反纪律之类的“常规动作”，他更扩大了自己的“活动范围”：

课间操时，用偷偷携带入校的打火机，点燃了操场上一小片干枯的秋草；

课间休息时，“盗用”维修时使用的小梯，竟然“溜达”上教学楼的楼顶；

消防安全演练中，以“救火”之名把楼道里灭火器的保险销全拔了；

……

换了新环境居然没用！在与家长沟通了解之后，班主任更“惊讶”了——小季竟然在幼儿园时就转了三四个园所，看来已经是“习以为常”了。

开展批评教育、引导家庭教育的同时，学校领导对小季的班主任千叮咛万嘱咐：必须时时关注他；为了他的人身安全，学校的安保措施加强了又加强……

可小季还是“出事”了。

出事

这天下午，根据劳动课的学习内容，学生需要带上自己的专用工具

“折叠刀”。小季趁人不注意，把家里的陶瓷水果刀带进学校，刀刃十分锋利。

课间时分，淘气的他拿着刀，冲着后面座位上的女同学，一边比画，一边高喊：“抢劫，拿钱来！”

“别闹！”女同学生气地挥手推挡起来。

可谁知，就这一下，女同学的手背被锋利的陶瓷刀划出了一道长长的口子，血瞬时就涌了出来。

女同学吓得哭了起来，小季也怔怔地愣在了那里。

身边的同学们很快分头行动找来老师。

卫生老师得知情况后带着急救箱迅速跑进教室，第一时间给女同学做了简单包扎，并拨打120急救电话联系救护车；

班主任闻讯，立即结束正在参加的教研活动，在赶回班级的路上，一边向报信的同学了解情况，一边给女同学与小季的家长分别打电话；

学校值班领导迅速聚集在一起，询问现场情况，安排后续工作；

……

校园内外一片忙碌。

入院

女同学家离学校不远，她的母亲接电话后片刻不敢耽误，一路跑进了学校。

120急救车来了，女同学与母亲、班主任坐上车，班主任一边安慰母女俩，一边联系小季的家长在医院会合。

急救车先进了首都儿科研究所，可医生说伤口较大，建议立即转院。

一行人马上转至北京积水潭医院，此时小季的父亲也赶到了，一边气愤小季的顽劣，一边连连表达歉意，主动跑上跑下，并承担了医药费。

在医生细心检查与精心处理之下，女同学手背上近8厘米长的伤口缝了10多针，伤情经治疗得以控制。

调解

当晚 7 点，班主任从医院赶回学校。

学校里，分管安全与学生工作的副校长一直没有下班，等待了解事情的进展情况。考虑到女同学受了伤，又耽误了晚饭时间，学校也为她准备了营养品与水果。

匆匆赶回学校的班主任又同副校长一起，带上营养品与水果，前往女同学家中探望。女同学的父亲当时不在家，她的母亲对学校老师的来访与探望表示感谢，并表示“愿意在班主任及学校的调解下妥善处理此事”。

回到学校，已经快晚上 9 点了，班主任又电话联系了小季的家长，就小季的道歉、女同学的安抚、后期复查可能产生的医疗费用，以及针对小季的教育问题与家长配合等后续事宜，与家长电话商议……当晚达成了初步的调解共识。

赔偿纠纷

头天晚上经由班主任调解，双方家长达成初步共识。可第二天一早，女同学的父亲又来到学校，向班主任和校领导明确表示：“不会接受小季家长的道歉”，因为“女儿的手受伤了，手对一个女孩子来说就是第二张脸，肯定还要做整容手术”，提出：“小季的家长除了承担医药费，必须赔偿整容费等共 13 万元”，并且声明“不需要学校及班主任再出面调解，自己去和小季的家长进行协商”。

学校请班主任及时找来小季的家长，根据女同学家长诉求，通报了情况，了解家长的打算。小季父亲强烈要求学校帮忙调解，一再表示“受伤同学的父亲提出 13 万元的赔偿太多了，事情发生在学校，请学校帮忙调解一下，看看能不能减少点”。

一般说来，出现这种局面，最好是请专业人员出面进行调解。并不是学校不作为，而是发生意外伤害事故，往往学校也有管理的责任，理应通过校方责任险保障学生权益，不能简单推给双方家长了事。

其间，女同学的家长认为学校推诿、小季家长讨价还价，愤怒之下，“甩开”学校，直接报了警。但民警也肯定学校和小季家长寻求专业调解的做法。

学校向双方家长表明立场，大家对学校这种主动担当的精神都十分认可，支持公平、公正地解决问题。

这场“赔偿纠纷”在人民调解员的主持下，两家同意和解，形成了调解书，双方还申请了司法鉴定。

最终，小季家长赔偿6万元，为儿子惹的祸埋单。

画展还办不办?

不知小季在家里有没有挨一顿胖揍。

小季在班主任的安排下，在班里向女同学作了公开道歉。

出了这件事后，小季消停了几天。但据班主任观察，也没见有什么“触动”，小季依旧课上捣乱、课下疯玩儿，早就像个没事人儿一样。

可美术教师这会儿陷入进退两难之地。小季的许多画作此时在美术教师手上，如烫手的山芋一般。

小季的“水果刀伤人”以及两个家庭的“赔偿纠纷”，金都校区的老师和很多学生都知道。出事之后，小季的个人画展还要如期进行吗？给小季办画展，其他同学会服气、其他老师会满意吗?

……

由“纠结”到“争论”，从美术教研组延伸到班主任工作室，最后摆上了学校办公会“研究事项”的桌面。

如期举办

——举办“个人画展”是个极高的荣誉，学校里绘画水平不错、品学兼优的学生很多，小季平时表现这么不好，还是换人吧。

——可是已经答应小季了，而且孩子为这个画展也做了许多积极准备，这时候叫停，是不是更让他走向逆反?

——“水果刀伤人”“两家的赔偿纠纷”影响很不好，这时候办小季的个人画展，受伤学生家长如果不赞成、提意见怎么办？

——小季的画展，还是先缓缓吧，找个理由，这个时机不太好。

——可我们学校的育人愿景与育人实践，就是“全接纳，慢引导”，若是忘了这点，是不是有点“忘了为何出发”的味道？

——其实，这才是一个很好的教育契机，要利用好。让小季在全校师生面前有个重新树立形象的机会，也是给他一个重新认识自己的机会。

……

经过各位教师、学校领导们充分交流与反复讨论，学校最终决定：小季的个人画展按原定计划如期举行。

举办之前，为了如期达成画展举办的“叠加效果”，美术教师、语文教师、班主任、德育主管等“联合”开展“外围保障工作”：

——美术教师帮助小季梳理、准备自己的画作，策划画展宣传；

——语文教师指导小季撰写在个人画展上的开幕辞和解说词等；

——班主任指导班级学生干部向全校同学介绍小季画展的时间、地点，并在全班招募参与画展活动的志愿者等；

——德育主管就小季的个人画展举办一事与班级、学校两级家长委员会的主要成员以及小季的家长、受伤同学的家长分别通气；

……

组织得当的“外围保障工作”，让所有准备工作既“不动声色”又“水到渠成”。小季如期登上了“小画家展示台”，向全校师生展示了自己的画作与创作心得。

画展之后

小季的个人画展顺利举办，圆满结束。

又过了两三个月，小季的班主任在相关会议的总结反馈中说，画展之后，小季真的有了变化，虽然“自控力”还不够，但是犯错的次数与频率正在逐渐减少，而且，小季在犯错误时知道维护自己的形象、维护班级的形象了。

不过，大家都明白，小季的成长与教育还需要时间。

教育要能“点石成金”当然好，但更多时候我们需要“滴水穿石”。如今，小季已经顺利毕业并升入自己心仪的中学，我们会继续为他的人生祝福。

事件反思

教育：重是非，更应重启迪

从“工作笔记”中把小季的故事整理出来之时，《哪吒·魔童降世》这部电影在暑期档中正如日中天、大受欢迎。

一边整理撰写故事，一边回忆电影画面，不禁十分感慨，看来，之前流行的“熊孩子”这一称呼，已经不足以表达成人对孩子的无奈、对教育的焦虑了——“熊孩子”已“升级”为“魔童”了。

“熊孩子”“牛孩子”也罢，“灵童”“魔童”也罢，这样对立的昵称，既体现着成人对孩子的爱意与戏谑，也呈现着成人对孩子的成见与标签。

有如《哪吒·魔童降世》中的申公豹所言：“成见是一座大山，任你如何努力，也没法搬开。”

孩子当真如此“非黑即白”?

从儒家困惑于“性本善还是性本恶”（孟子与荀子）以来，哲学界、教育界也不止一次产生类似的争鸣。对此，佛家倒是看得“透彻”，以“一念成佛，一念成魔”来解释，也能自成“一家之言”。

而现代科学技术的进步，让人们获得了有望通过心理学和神经科学来一窥“性本善还是性本恶”的机会与可能。

在美国，乔治城大学心理学和神经科学副教授、情感与社会神经科学实验室主任阿比盖尔·马什（Abigail Marsh），通过对患有精神疾病的儿童和非凡利他主义者的大脑进行研究，试图揭示“为什么我们会关心其他人以及从暴力行为到舍生取义的种种善行或恶行的内在动力”。

阿比盖尔·马什在其著作《人性中的善与恶》（中信出版集团 2019 年 5 月出版）里，对此进行了详尽分析，他通过研究发现其中的原因所在：对于多数人来说，大脑中杏仁核的“初始设置”即为从善如流，但若出现“变异”，它会将英雄变成作恶的魔鬼。

对于此论，我们一方面感叹现代西方心理学、神经科学、脑科学方面惊人的进步，另一方面不免怀疑此论是否完全“科学”并符合“教育”。

毕竟，科学是解决人类如何活得更好的问题，而教育则是要解决人为什么要活的问题。

教育重是非、重逻辑、重理性，也重直觉、重感受、重情感，更重心灵、重人性、重启迪。

回到“个人画展”这个真实案例，主人公小季原本在性格与行为上就存在“特殊性”，加上“水果刀伤人”发生的“突然性”、两个家庭之间“赔偿纠纷”的“闹剧性”，这“三重性”叠加，让小季在很多教师、同学眼中不免“脸谱化”“标签化”“刻板化”，其形象自然也就“表面化”“单一化”“成见化”了。

在这样的“严重成见”与“刻板印象”中，“重是非”对大家的认识与理解起到了决定性作用。

然而，对于一个孩子的教育而言，每一个人、每一个面、每一件事，都要分开来看，不能一概而论。

“金都小画家”也是学校教育、德育教育的一个“小窗口”，在这个“小窗口”下，小季以及其他很多的孩子有了重新认识自己的机会。更重要的是，我们所提倡的“全接纳，慢引导”的教育理念，应该是也必须是贯穿至学校方方面面的育人工作之中。

在《圣经》中，有这样一个故事。

从前，一个国王要出门远行，临行前，交给 3 名仆人每人 1 锭银子，吩咐道：“你们去做生意，等我回来时，再来见我。”

国王回来时，第一个仆人说：“主人，你交给我的 1 锭银子，我已赚了10锭。”于是，国王奖励他10座城邑。第二个仆人报告：“主人，你给我的1锭银子，我已赚了5锭。”于是，国王奖励他5座城邑。第三个仆人报告说：“主人，你给我的1锭银子，我一直包在手帕里，怕丢失，一直没有拿出来。”

于是，国王命令将第三个仆人的1锭银子赏给第一个仆人，说：“凡是少的，就连他所有的，也要夺过来；凡是多的，还要给他，叫他多多益善。”

这就是“马太效应”。

在学校中、教育中，“马太效应”也是屡见不鲜——一部分优秀学生获得教师、学校更多的尊重、关注与加持，越加优秀；一部分学习或品行暂时“有困难”的学生因为被“区别”对待，越加“困难”。

在小季的故事与案例中，美术教师、语文教师、班主任、德育主管……大家无论是围绕事件的争论，还是推动问题的解决，都是我们“全接纳，慢引导”教育理念的最佳实践——不仅将可能出现的“马太效应”消除于无形之中，更使得教育回归到了“让所有人都得到最适合的发展、过最幸福的生活”这一最本原的使命之上。

如果说，每一个孩子心里都住着一个哪吒，那么，我们每一位老师应该都学习哪吒的母亲，始终去尊重他、认同他、信任他、接纳他……始终爱他。

正如电影里哪吒母亲的那句话：

“人心都是肉长的，如果你善用自己的神力替他们斩妖除魔，百姓又岂会把你当妖怪?”

教育孩子，没有尽头，我们一直在路上。

欺凌现校园

题记

没有侥幸这回事，最偶然的意外，似乎也都是事有必然的。

——爱因斯坦

事件回放

侥幸破灭

“校园欺凌”近年来已经成为全社会一个敏感的热词，是社会关注教育问题的一个焦点，由此引发的舆论让学校避之不及。但对于“校园欺凌”的界定，仁者见仁、智者见智，不能一概而论。

有的人对此就不以为然，认为“校园欺凌”不过是孩子们之间的打打闹闹，根本不是什么新问题，自己小时候跟同学之间动起手来的时候比现在可要严重多了，根本不用大人介入，现在的孩子都是“宝贝疙瘩”，有点事家长就容易“小题大做”。

也有的人认为“校园欺凌”出现在个别地区、个别学校，根子是社会问题反映到了学校当中，不是学校教育的自身问题，校园里轻易不会有实质的“欺凌”行为，不必上纲上线，谈及色变。

原来我也十分笃定，我们的学校绝对不可能与“校园欺凌”这个词沾上边。一个个阳光灿烂的生命，一颗颗天真无邪的童心，哪儿用担心他们之间会去无端地伤害。

但是，我校四年级一个瘦小的男生，在卫生间隐蔽的空间里，真的就对一位同班同学连续施暴十几天，造成严重伤害，让我相信“恶”的确存在。

哪粒种子破土而出的时候不想长成参天大树，哪株幼苗又能够断定自己不会等来恶虫蚕食，不会经历暴风骤雨的侵害？守护儿童的健康成长，老师和家长都不得有任何的侥幸和疏忽，必须如同“黑猫警长”一般。

“惩罚”与“私了”

事情发生在3月19日。在学校卫生间里，四（1）班的小雷同学从身后蒙上小诺同学的眼睛：“猜猜我是谁？”

出于反抗，小诺用胳膊肘向后撞了小雷的肚子。小雷说，自己以前做过手术，肚子被小诺撞疼了，问对方应该怎么办，最后提出两人“私了”。

小诺认为自己把小雷碰疼了，做错了，那就“私了”吧，于是小诺就任由小雷“惩罚”了自己。想不到小雷从此几乎每天都叫上小诺，到厕所“私了”，直到“东窗事发”。

四（1）班的班主任是杨兰老师，下面是她对事情的回顾：

发现这件事应该是在清明假期前两周的周一，查看日历应该是3月23日，这天下午课间，我发现小诺额头上有个大包，问他怎么回事，他说上厕所不小心摔了，磕的。

“是别人推你了吗？”

“不是。”

我看了看孩子的鞋，不是系带的，所以也不会是鞋带绊倒的。我想是不是因为孩子鞋底太滑了。然后联系小诺家长，说明了情况，当时家长也没太在意，第二天给孩子换了双鞋。

第二天（3月24日）中午，我又发现小诺头的左侧，靠近太阳穴的位置有伤，还比较严重，皮破得已经露肉了。

问孩子怎么回事。小诺说，上完厕所后站起来的时候没站住，头磕到了墙上。再追问细节，孩子还是这一句话。我赶紧给家长打电话，让家长带孩子去医院处理伤口。

当时我觉得，孩子这连续的摔倒、磕伤不太正常，建议家长带孩子去医院做个检查。因为我曾经教过一个小脑萎缩的孩子，开始就是莫名其妙地摔跟头。家长觉得我的担心有道理，答应周末带孩子去医院。这之后，我在班里要求孩子们上厕所时都要关照小诺，千万不要再让他摔倒了。

接下来的几天还比较平静。

到了下个周一（3 月 30 日），有同学反映小诺把自己关在厕所门里哭。

我追问小诺："怎么了？是不是有大孩子欺负你？不管有什么事一定要告诉老师，老师肯定帮你解决。"

小诺还是很痛快地说："没事老师，真的没事。"

我觉得孩子像是心里有事不说，就又询问了班里的同学。

"最近有没有人和小诺发生矛盾？"

孩子们都说"没有"。

"有没有人看到他和其他同学闹矛盾？"

孩子们也都说"没有"。

我查不出原因，心里很急，又联系了小诺家长，建议家长好好跟孩子聊聊，孩子到底有什么心事，建议去看看心理医生。当时家长答应了。

周三（4 月 4 日）下午课间，小诺回教室迟到了。回来后却始终站着不坐下，我问小诺"怎么了"，他说"裤子湿了"。

我过去看了看，"怎么搞的？"

小诺特别不好意思地说："上厕所时没弄好，尿到裤子上了。"

我赶紧给家长打电话，让家长带孩子回家换裤子。见到家长后，我又追问家长有没有带孩子去看看心理医生，家长说周末去，并答应跟孩子好好聊聊。

清明假期后，周一（4 月 9 日）下午第一节课课间，我从其他班级上课后回来，看到小诺捂着眼睛在座位上坐着。

"怎么了？"

"磕到眼睛了。"

"怎么磕的？"

“走路太不小心了。”

凭常识判断，这不像是磕的，我再追问细节，孩子就不说话了。

看着孩子眼睛有点红，我又赶紧跟家长联系，说明情况，让家长来接孩子去看看眼睛。

在这段时间里，我还找到了辅导员老师，求助她帮我一起问问小诺。可还是什么都没问出来。

那天，我让家长来接小诺去看眼睛，家长向我反映：小诺早上说，他跟班里一个男同学闹矛盾了，是小诺的胳膊打到了那个孩子的肚子，那个孩子说刚做过手术，肚子疼，要跟小诺“私了”。小诺就是不说这个同学是谁，还是家长吓唬他，“不告诉我就直接到班里问”，小诺才说出对方是小雷。

再后来的情况，大家就全清楚了。

小雷和小诺

小诺受伤的原因终于真相大白。

家长带小诺到医院看眼睛，医生说：“磕到眼睛可不是闹着玩儿的，现在看虽然没什么大问题，但还需要静养观察几天，如果眼角膜受伤，弄不好有视网膜脱落的危险。”

第二天，小诺在家休息，他的爸爸、妈妈、爷爷、奶奶、大爷、大妈 6 位大人一大早就找上门来，要跟学校讨个说法。

家长的情绪、当时的场面可想而知，暂且不表，我们先来认识一下这两个孩子。

小诺，四年级（1）班个头最高的男生，可他的性格与高大的身躯有点不匹配，内向寡言，所有老师的记忆中从来没见他惹过事，连跟班里最淘气的男生、最抓尖的女生都没发生过争执。

小雷，四年级（1）班矮个子男生之一，因为长得黑，老师们一提就是“小黑小子”。小雷的学习在班上绝对靠前，课上属于思维活跃分子，平日爱看书，在班里也没惹过什么事，普通得连“躲在后边出坏主意”的角色都不像。

事发之后，小雷从一开始坚决不承认到后来承认是他干的一系列举动，让我们感到既震惊又疑惑——小雷居然能够提出“私了”，并在厕所坑位的隐蔽空间施暴；每次施暴都要小诺不准说出去；强迫小诺把尿尿在裤子里；打完还充当好人，向老师汇报小诺在厕所哭呢……

四年级，还不到10岁的孩子，狡诈、暴虐、冷酷的这些表现，是怎么关联到他身上的呢？

更让我们百思不得其解的是，小诺面对一个比他矮一头多的同班同学，怎么就不敢“反抗”，不仅对小雷的“歪理”言听计从，更是对各种侵犯行为逆来顺受，造成对方一而再、再而三地对自己施暴，却不愿意向同学、老师、家长说出实情？

这是我们的学生，我们熟悉的小诺和小雷吗？他们到底怎么了？我们该怎么帮助这两个孩子？

学校的研判

事情发生之后，学校第一时间召开领导班子会，研判此事的性质和处理，形成了面对双方家长的一致口径。

大家集体决定，这件事情虽然发生在两个孩子之间，但是反映出很多深层次的问题，因此事件的处理不能视同为一般的学生之间的矛盾，初步达成几点共识，并征求双方家长意见，合力使问题得到妥善处理：首先，把伤者的救治放在第一位；其次，两个孩子的教育问题，追根溯源，“治标”更要“治本”。

大家一致认为，这两个小孩的教育都不是一朝一夕的事情，要从对儿童终生负责的高度来看待此事，不仅要考虑应该如何关爱和惩戒，更要从儿童个性发展和心理健康、品德行为等多方面进行引导，让孩子学会自我保护、尊重生命、敬畏规则、沟通求助等。与此同时，要查找学校管理和家庭教育中存在的问题和关注的盲点，以此为戒，更好地保障每一个孩子的健康成长。

从学校管理方面，班级的管理、班主任与孩子的沟通应更深入，这样才可以防微杜渐，及时了解孩子在成长过程中所遇到的困惑和问题，进一步实现与每一个孩子心灵的沟通。

从学校空间环境设置方面，孩子之间的伤害基本发生在厕所密闭的空间里面，我们立即要求后勤部门将厕所坑位门扇的上半部去掉，改为半遮挡型。

从家校共育方面，我们要进一步研究家校教育的协同，有必要将案例分享给家长委员会甚至所有的家长，引起家长对家庭教育的警醒。

事情发生在儿童身上，但要引起我们所有成人反思。无论是学校管理者、教师以及学生家长，都要从这件事情中进一步认识儿童成长的复杂性和成长中的个性化需求，更好地落实我们的责任和义务。

初会家长

当小诺的家长了解到孩子“伤出有因”，愤怒到极点是可以预见并可以接受的，家长爆出怎样的愤怒、怎样的诉求，我们都能理解。

共情，允许家长宣泄是必需的，所以我们在6位家长找上门来的时候，表现出的是同样的愤慨和耐心包容的倾听，最终将家长的诉求归结为三点：一是要学校处理意见；二是小诺和小雷不能再待在一个班；三是要小雷家长给予赔偿。

我们在答应家长尽快给出答复后，当天晚些时候，班主任和年级主任又来到家里看望小诺，带去学校和老师对孩子的关心，安抚家长情绪和给孩子打气，让孩子养好病，落下的功课老师给补。

小雷的妈妈听了自己孩子做出的事情，其震惊的程度不亚于小诺家长，她的表现可以说是——惊恐！真是自己的儿子小雷干的吗？这位妈妈当时手脚不停地颤抖，说自己“后背直冒冷汗，都不敢去想象当时的画面”。

等小雷妈妈平静下来，我们把学校的工作意见和小诺家长的诉求告诉她，小雷妈妈表态：能够体谅对方家长的心情，自己的孩子给别人造成的伤害一定要尽力赔偿；希望学校成为双方沟通的桥梁，积极解决眼前的问题；希望给孩子改过的机会，配合学校了解事情背后深层的教育问题，让小雷受到教育，防止再走歪路。

再会家长

4 月 12 日下午 3 点，学校再次约见小诺家长，依旧来了 6 位。我们汇报了学校近期所做的工作，把对方家长希望看望小诺和经济赔偿的意愿进行了转达，家长们的情绪总算缓和了许多。

当我们跟小诺家长谈到“学校除了对小雷的批评教育，认为小诺身上的问题更应引起重视，等小诺身体恢复了，我们一定要从心理上了解一下问题产生的原因”时，开始，家长差点跟我们“急眼儿”。他们不理解的是，是小雷在学校打了人，学校怎么还说自己孩子有问题，自己孩子需要教育。我们耐心地解释：“小诺性格的形成，需要深入研究，学校和家长要协力帮助孩子学会辨别、学会勇敢、学会求助，学会在解决问题中成长。”

后来，小诺家长终于接受了学校的观点，认同学校“考虑得深远”，他们也担心孩子将来如果不会处理困难，没有解决问题的办法，就不能独立地在社会上生存，表示“特别感谢学校，相信学校能处理好此事”。

至于将两个孩子分开不同班级的诉求，听了学校分析的利弊，小诺家长也不再坚持，但再次强调三点：一是让孩子真诚道歉；二是对方负担医药费；三是孩子眼睛日后如果有问题，对方也要负责。

晚上 6 点，我们的老师“连续作战”，约见小雷家长。首先肯定家长基本遵守承诺，除了小雷爸爸踢了孩子一脚，没有过多的打骂行为。同时我们让家长了解孩子书包里的漫画书，里边的情节就跟小雷在厕所里实施的行为一模一样，让家长更全面地了解孩子，指导家庭教育中父母作用的发挥。对于小诺家长的诉求，小雷家长表示一定积极配合学校、换位思考，“如果被打的是自己孩子，还不知道怎么恨得咬牙切齿呢”。

双方家长的积极配合、理性思考，让我们全体教师都为学校庆幸，更为两个孩子庆幸。

为了孩子

上边提到班主任发现小雷书包里的漫画书，找到了小雷行为背后的根源，小雷父亲对孩子的严格就体现在“大打出手”，再加上对漫画书中情节的模仿，才闹出了厕所施暴事件。

小雷必须为自己的行为和对小诺的伤害付出代价，父母为他承担了经济责任，甚至还要承担法律责任。他自己也必须认真反省，对自己的所有作为深刻检讨。班主任、大队辅导员在进行教育疏导的同时，都对小雷的道歉信进行了指导，以书信的形式传递给了小诺。

待到小诺伤势全部恢复后回到学校，我们请专家给孩子做了心理疏导，安排小雷再次当面道歉，小诺的情况还算令大家心安。

关于小诺，我们有一个发现，但也许只是猜测。小诺为什么好多天，宁可自己独自承受，面对老师和家长的询问都不肯说出实情？

当老师问：“为什么，是不是怕小雷？”

他摇头。

“是不是打不过小雷？”

他还是摇头。

直到老师问：“小诺，你是不是怕说出来，让家长着急，怕他们来找学校？”

小诺哭了。

从一段时间的接触，我们确实也发现，小诺的父母也没有主见，每次和学校单独沟通，都表现得拿不定主意，什么事都要听孩子大妈的，几个人一起来谈事时，最终也总是让孩子大妈拍板。小诺还有个比他大 6 岁的姐姐，祖孙三代一大家子住一大院，也许是孩子平时缺少关注，内心也缺少安全感？

为了让两个孩子免受“二次伤害”，我们从孩子成长的长远角度出发，在全体教师会上就后续事宜提出三点要求：

1. 尊重并保护双方孩子的隐私和健康成长，对此事不扩大、不宣传，不以任何方式提及或刺激双方学生。

2. 关心爱护每一个学生，时刻关注两个孩子及四（1）班学生的情况，发现任何问题或疑惑，第一时间与班主任和学校主管干部进行沟通，避免“次生事件”发生。

3. 全体任课教师，尤其是语、数、英教师利用午休等时间给两个孩子补习落下的功课。

化干戈为玉帛

4 月 26 日，早上 7 点 50 分，双方家长第三次在学校见面。我们对事件发生以来的事实、解决推进情况和学校及双方家长在整个事件中的态度做了详细的备忘。双方家长对学校的处理均表示满意和感谢。

从事发至事件得到圆满解决，超过半个月的时间里，学校全力以赴，从被打孩子的家庭出发，寻找解决办法；从打人的孩子的家庭着手，寻找解决问题的最优途径。

在处理事件过程中，我们始终秉承从学生长远的发展着眼与入手，并最终获得了双方家长的认可与信任，化解了一场“校园欺凌”事件，同时也让两个孩子甚至两个家庭之间得以化干戈为玉帛。

事情虽然得到了解决，但是值得反思的还有很多，要做的事还有很多……

事件反思

筑牢“校园欺凌”防线

“校园欺凌”在世界范围内一直是个经久不衰的话题。伴随着近期电影《少年的你》的热映，校园欺凌这一问题又一次出现在了公众的视野中，引起了社会的关注与热议，也击中了不少观众心中的痛点。

在影片的片尾，易烊千玺饰演的小北用平静有力的声音介绍我国对校园欺凌的努力："学校，是世界各国防治校园欺凌最有效、最前沿的阵地。""当家庭、社会以及你我他，每一个人都贡献力量，我们就能保护少年，保护世界。"

"自救者人恒救之，自爱者人恒爱之。"解决校园欺凌问题，让孩子学会自救是关键，学校要建立相应的反应机制，从孩子的长远发展考虑，开设"反校园欺凌必修课"，给孩子反抗的勇气，给孩子自救的力量，给孩子解决问题的办法。

建立相应的反应机制

在30多年的教育经历中，我曾经很侥幸地认为，校园欺凌不过是书中、电影中的艺术夸大"桥段"。然而，校园欺凌却一直客观存在。

浙江工业大学教育科学与技术学院"校园欺凌"研究团队用半年的时间调研了某省3753个中学生样本。调查显示，412人发生了校园欺凌，占总人数的11%。其中，有321起是学生被欺凌事件，有91起是学生欺凌他人事件。

调研结果发现，校园欺凌多发的地点为"教室""宿舍"等相对密闭的空间。具体来说，有37.6%的学生选择教室，31.3%的学生选择宿舍。选择操场、放学回家和上学路上、厕所、教学楼的走廊、网吧、食堂的学生所占比例，分别为16%、11.4%、10.7%、10%、8.3%、8%。

由此看出，校园欺凌无处不在，但相较于隐蔽狭小的空间，公共场所发生校园欺凌的可能性相对较小。

在本次事件中，班主任发现学生一而再、再而三的受伤后，虽然每次都提醒家长，但是依然直到十多天后才发现欺凌所在。

校园欺凌的隐蔽性，远超常人的想象。必须看到，在公开的案例之外，可能还有大量校园欺凌事件隐藏在校园暗处。其中，有不少孩子甚至未意识到自己是欺凌者或被欺凌者。

就像调查显示的一样，欺凌一般不会发生在大操场上，不会在这些孩子们聚集活动的地方。他们往往会远离大家的视线，比如卫生间等。

以我们学校为例，原来的卫生间的门扇都是全封闭的，直到发生此次事件之后，才将其都改成了半封闭的，既能保护儿童的隐私，同时又能够让老师、同学察觉到里面发生的事情，这样，从环境上就可以减少发生校园欺凌的可能性。

不仅是卫生间，在学校里的所有空间，都要遵循这样的原则，比如提高成年人，包括教师、家长及其他成年人，在封闭空间中与儿童单独相处的透明度，保证可以监控。

在“软件”方面，除了欺凌事件发生后对双方同学及家长的教育和引导，学校还应有常态化的防范机制。每个学期，学校配备的法制副校长会传授校园欺凌的防护知识，这应该成为一个常态化的教育机制。学校也在学生购买人身意外险之外统一购买校方责任险，以防发生意外。

当校园欺凌发生后，要建立迅速及时的反应机制。校长也要组织好干部、班主任、任课教师等学习校园欺凌有关法律法规，出台相关处理办法，尽最大可能让欺凌远离校园。

全面深远的教育视野

有些孩子被欺负了，会怎么应对呢?

第一种应对方式，也是最常见的，默默忍受。

就像《少年的你》里面的胡小蝶，长期被欺负，毫无还手之力，最终罹患重度抑郁症，不堪重负，选择自杀。本事件中的小诺就选择了这种应对方式，由于害怕引起更大的家庭波动，他宁愿忍受同学的欺凌，即使是在老师和家长的一次次追问中，他也绝口不提被欺负的事。

第二种应对方式，是报复，而且是以暴制暴。

忍耐到了极点，就要打回去。这种反抗方式虽然能解决一定的问题，但是最终难免会造成两败俱伤，严重的还会导致恶性事件的发生。

第三种应对方式，报警。

看起来是最理性、最正当的方式，受害的孩子报警，或者父母报警。然而，对于一些校园欺凌存在着取证难，同时受到施暴方、受害方等多方因素的影响，往往难以得到根本解决。

出现校园欺凌事件后，最关键的问题，是如何反思教育的欠缺、科学地引导孩子和家长处理问题，从生命教育的角度，做到让儿童强化自我保护意识，懂得尊重对方。

在教育实践中，我发现，很多一年级小学生“爱告状”，告诉老师，或者告诉妈妈。这是一个好现象，说明他会去求助于身边的成年人。当他第一次“告状”的时候，我们作为成年人，如何去巩固儿童对我们的这种信任，同时在处理问题的过程当中去实施教育，值得每一位老师、每一位家长深入思考、谨慎处理。

作为老师，有时候可能你会发现这个事情很小，也许就是两个小孩之间有一个轻微的肢体的冲突，一个孩子告诉老师之后，老师很可能跟他说：“没事，他跟你逗着玩、闹着玩呢。”就忽略过去了。那么，很可能这个孩子就觉得，这些事情老师不管，也许再遇到时就忍了。

对遭遇欺凌的孩子感受的忽略，可能导致孩子的沉默，另一种极端反应也可能造成同样的效果。

有的家长在孩子与其他孩子发生肢体冲突后火冒三丈，甚至一家三代找到学校问责，把两个孩子之间的矛盾上升到整个家庭与学校的矛盾。孩子以后遇到这种情况，可能会对家长的反应产生恐惧心理。要求把自己的孩子跟欺负人的小孩“分开”，也是一些家长容易出现的倾向。实际上，这是一种逃避的处理方式，对孩子成长不利。

无论是教师，还是家长，都要从对一个孩子一生负责的角度来思考和处理问题，从细微之处与孩子建立起信任，也建立起孩子的自信，逐步学会处理与同学的摩擦，进而能够勇敢地面对校园欺凌，这比我们简单地去代替孩子处理要重要。

基于信任的沟通基础

校园欺凌是一个错综复杂的问题，其指向的负面后果不只针对某个受害者和受害家庭，而是整个社会。

一旦发生校园欺凌，学校在处理上也面临困境，很多家长把校园欺凌事件的发生归罪于学校。有的家长说“孩子从小我一指头都没动过，谁也不能打我的孩子”，让校方很难处理。当校园欺凌发生后，学校要展开基于信任的沟通，引导家长从孩子成长的角度，去化解矛盾，寻找解决问题的根本之道。

我们经常看到，在校园欺凌中，家长的一些不理智行为让校园欺凌“火上浇油”。家长的情绪可以理解，但是当事件发生了，学校还是要站在共情的角度上，引导家长理性面对。

如果是有意欺凌，施害一方的家长应主动道歉并做好善后工作，以取得受害人及家长的原谅；受害人的家长也应该配合学校处理，因为学校有规章制度，要按规矩来，如果私下过于干预反而把事情弄复杂了，孩子之间的事就上升为大人之间的争斗。

比起孩子，家长也需要学习反校园欺凌课程。近段时间，针对校园欺凌，很多家长鼓励孩子“打回去”。“打回去”虽然是一种解决的途径，但是这显然不是良好的教育方式。孩子的校园生活虽不必“打不还手，骂不还口”，但还是需要合理的解决方式，而非暴力一途。在反校园欺凌教育中，将家长“拉入群”，避免家长成为欺凌者，也是对孩子的一种保护。

必须换掉她

题记

教育的效果取决于学校和家庭教育影响的一致性。

——苏霍姆林斯基

事件回放

"争星游戏"

佟老师是一位善于思考的老师，参加工作20多年来，始终对教学充满了热情。为了调动一年级学生的数学学习兴趣，佟老师还经常变换不同的评价方式对学生予以激发和鼓励。最近，她和孩子们玩起了"数学之星"的游戏。

游戏的规则很简单：无论是佟老师课堂中的提问，还是出在小黑板上的"每日一题"，积极踊跃参与并完成得又好又快的孩子就可以获得1颗"数学之星"。一节课结束，课堂上表现最活跃的孩子就可以成为"今日之星"。累计获得10颗"数学之星"，就可以找佟老师"兑换"一件"神秘礼物"。

游戏的开展，极大地调动了孩子们学习数学的积极性，他们在课堂上纷纷踊跃发言，大胆尝试挑战，班级里的学习氛围得到了很大提高。

然而，就在佟老师为孩子们的进步感到骄傲之时，一场突如其来的"罢免风波"向她袭来，令她猝不及防，险些跌入自己职业生涯的谷底。

难道，深受学生爱戴的佟老师真的只是个传说吗？"争星游戏"还能继续进行吗？

风波由来

小梅是佟老师班里一位有点特殊的学生，她跟别的小姑娘有些不同，经常显得心神不宁，有时安静，有时焦虑。

这天，在上午最后一节课上，小梅对着窗外走神了。佟老师自以为已经和孩子们相处快一年了，就随口和孩子开个玩笑，用调侃的语气说："小梅，不好好听课干嘛呢，是不是在想午饭吃什么呢?"

佟老师的话把大家都给逗乐了，在全班同学的一片笑声里，小梅低下了头。

谁知下课后，班里最调皮捣蛋的小鑫跑到小梅身边说："怪不得你一颗'数学之星'都没有，整天上课就想着吃啊!"

同学的奚落让小梅的心情跌落到谷底，她控制不住内心的委屈，整个下午闷闷不乐，好不容易熬到下课。

终于等到下午放学，爸爸来接小梅时，她忍不住在爸爸的怀里号啕大哭起来，边哭边说："爸爸，我再也不要上学了!"

女儿受到莫大委屈的样子让小梅爸爸又心疼又恼怒。在他的再三追问下，小梅边抽泣、边断断续续地"呜咽"出了几个词："数学佟老师""批评我""同学们笑话我"。

凭借女儿提供的几个"关键词"，小梅爸爸迅速得出自己的"结论"——数学佟老师歧视自己的女儿，让全班同学笑话她，使自己的女儿受了委屈。

愤怒的爸爸

回到家以后，小梅爸爸越想越气，先是在班级群里发微信表达对数学老师的不满。

发现得不到其他家长的回应，他又立刻给班主任张老师打电话，除了表达自己对数学老师强烈的愤怒，还请张老师替他转告学校，他坚决要求换掉数学佟老师。

张老师能够明显感觉到电话那头小梅爸爸愤怒至极："数学老师让全班同学笑话我女儿，导致孩子目前产生严重的心理问题，恐惧上学。你们学校必须把她换掉，不然我就找电视台曝光你们!"

虽然不清楚事情究竟如何，但及时平息家长的情绪毕竟是首要的。可在张老师苦口婆心的劝解下，小梅爸爸仍然情绪激烈、态度强硬。

不仅在电话中未能协商出任何解决办法，还被对方挂掉了电话，张老师彻夜未眠，一方面担心小梅的情绪，一方面把握不好家长对佟老师的态度，担心真的有什么事情要发生。

第二天一大早，张老师原原本本地把事情报告给学校相关领导。

接到报告后，学校领导十分重视，第一时间请来佟老师，了解她与小梅以及小梅的家长之间"到底发生了什么情况"。

佟老师很意外，回顾昨天课上与小梅的交流，后悔自己的粗心大意，但也觉得有点委屈。看到小梅爸爸在班级微信群里的意见，听到班主任转述"罢免要求"，佟老师当即对年轻的班主任表态："我先在班级微信群里给小梅爸爸道个歉，真不是故意的，但是毕竟给孩子带来了伤害，给家长造成困扰，我得给这个班的家长有一个交代。"

学校领导感觉佟老师有担当，不愧是工作20多年的老教师，平时和家长交往从没出过类似事情，公开道个歉也好，上课时再通过和小梅的沟通，打消孩子的心结。家长看到孩子和老师之间没事，肯定也就放心了。

佟老师的"道歉信"，经过学校领导和班主任的字斟句酌，在放学前由班主任转发到了班级微信群中。

一般来说，老师知错就改，家长都会给老师台阶下，也会给班主任一个面子。

但是，小梅爸爸依然态度坚决，仍然坚持"必须换掉佟老师"!

事与愿违

有诚恳的佟老师主动道歉，有热情的班主任积极调解，尤其是小梅上课时和佟老师互动的状态，让大家都以为这件事一定会很快就过去了。

然而，事与愿违。

先是小梅爸爸在群里放了两句话："好人难做，我为谁啊！走着瞧！"

随后，班主任发现，小梅爸爸把对佟老师的看法发表在自己的微信朋友圈中，并且质疑："这样的老师就没人管了吗？"

接着，就是上级主管部门转来小梅爸爸要求换数学老师的信访件。

看来我们把事情想简单了。

小心翼翼

出了这样的事，佟老师感到非常懊悔，因为自己的疏忽，给大家添了麻烦是小，可接下来该怎么跟小梅相处呢？其他教这个班的老师，也都如"惊弓之鸟"，在对小梅的教育上尽量躲闪。

班主任也开始小心翼翼。一次上课的时候，小梅打了个喷嚏，班主任一边帮小梅处理弄脏的手和桌面，一边制止旁边嗤笑的同学，小梅像犯了很大的错误似的，眼泪一直在眼圈里打转。

班主任看在眼里，疼在心上，"这个有些懦弱的小女孩光靠保护可不行，得让她自己强大起来。"

班主任把小梅爸爸请到学校，希望通过面对面的沟通，能够让他放下敌意、原谅佟老师，能够与大家形成合力，帮助小梅更好地适应学校的集体生活。

这位爸爸给出的回应依然强硬并伤人："我不信任她，她那张脸我见过，是狗改不了吃屎，我的孩子绝对不能让她教。"

班主任只好建议："要不然您跟学校领导聊一聊？"

"聊什么？不用聊，我对学校没意见。这种人我见得多了，她改不了，必须换！"小梅爸爸依然执拗。

再试沟通

班主任的努力没有奏效，校区主管主任决定自己出面试一试。准备采取的办法是：家访。

经过反复争取，小梅爸爸终于同意主任提出的家访。

放学以后，校区主任、班主任、佟老师三人带着给小梅买的一些小食品登门家访。晚上 7 点半左右，大家来到了小梅家楼下，反复敲门却无人理会。

班主任只好又给小梅爸爸打电话，原来是他已经从窗户望到了一行三人，不愿意与佟老师面对面。

好说歹说，家长才勉强开门迎接。显得狭小的家里除了小梅和爸爸，还有奶奶。

小梅见到老师来家里，一改平时胆怯的样子，一点也不躲避。班主任跟小梅说："能不能带佟老师去参观一下你的房间啊?" 小梅奶奶也赶紧顺着班主任的话说："对，让你爸爸跟领导聊，咱们和佟老师到里屋。"

校区主任首先向小梅爸爸转达了学校和领导的关心，以及事情发生以来学校的重视，代表学校接受家长的意见、肯定班主任从中所做的工作，同时也替佟老师表达了歉意。

里屋的小梅和佟老师、奶奶有说有笑的，相信爸爸也看到了这一幕。

校区主任乘势把话题往下引："今天我们来看看孩子，也是想请您放心，孩子在学校的情况不是您想的那样。学期已经过了一半，学生们都慢慢适应了老师的教学，中途更换老师，会有很多弊端。再说，您也知道，佟老师一个人教三个班的数学课，学校目前还缺编呢，要换也得等合适的时机和人选啊。"

但是，不管怎么说，小梅的爸爸依然是一副不予商量的态度，并说："如果还是这个决定，就不用继续谈了。" 临出门，小梅爸爸还坚持把老师买给孩子的东西推到班主任手上。

整个家访过程中，奶奶没明确表态，但看得出，是想息事宁人。

家访过后，小梅爸爸便给班主任发了一条微信："张老师，欢迎您到家做客，其他人就算了，谢谢啦!"

至少，这次家访还是有成果。

帮了倒忙

小梅爸爸对佟老师的意见从开始就“发泄”到了班级微信群里，后来坚决要求学校换老师的种种举动，也被家长们看在眼里，已经不是什么秘密。

就在家访后的第二天，几个家长聚集在学校门口议论开了。

个别家长还很激动：“自己孩子不好，还赖老师头上了，什么东西！”

几个家长也找到班主任，力挺佟老师：“他说换就换啊，学校要换了佟老师，也得听听我们的意见。”

一位家长还在班级群里发表了与小梅爸爸不同的意见：“老师管孩子是为你好，这样的老师不能换！”

听班主任汇报了这一情况，大家都意识到：“坏了，肯定好心帮倒忙了。”

果然，小梅爸爸稍晚就在微信群里发声：“别不信我，你看我做得到不！”

之后，小梅爸爸开始采取更过激的行动，不仅继续向上级反映“垂杨柳中心小学老师违反师德，不配做一名人民教师，要求严肃处理”，而且再次在微信朋友圈里对学校、对老师点名道姓进行“攻击”，还把对学校和老师不利的留言展示到网上。

研讨对策

事情变得复杂了，学校再次紧急研判。

一是如何回应小梅爸爸要求换老师的诉求？

——如果换掉佟老师，下一位老师就能令家长满意吗，对小梅身心成长真的有益吗？

——如果在学期末这么关键的时期强行换掉佟老师，全班其他学生家长会同意吗？

——如果因为家长的坚持就妥协换掉佟老师，学校的规章制度何在，学校的尊严何在？

——如果不换掉佟老师，小梅爸爸在全体家长面前该怎么下台？这样没完没了地“闹”下去，肯定不会有赢家。

——如果不换掉佟老师，小梅爸爸真的利用自己在媒体工作的优势，引导社会舆论，影响到学校声誉是小，伤害到众多老师的教育热情，更是得不偿失。

二是如何看待小梅爸爸这个人？

通过家访，我们进一步了解到，小梅是单亲家庭，平常爸爸工作很忙、很辛苦，大部分时间都跟着同样孤身的奶奶，所以性格比较内向。小梅爸爸经常出差，回家很晚，导致孩子睡眠习惯也很差，白天上课很容易走神。

奶奶为了让自己多一些自由的时间，不仅给小梅报了很多课外班，每天放学都先让小梅待在社区里的托管班，所以孩子更加缺乏安全感。

小梅爸爸现在离婚独自抚养孩子，性格也有些孤僻，对人缺乏信任感，再加上心疼孩子，难免处理事情带有很强的攻击性。

巧妙施策

针对这样的实际情况，经过集体研究，大家认为，解决学校与小梅家长之间的这场危机，得讲究点策略。学校最终决定：佟老师不能换，也不能不换；在解决问题的过程中要取得其他家长的支持，不能以暴制暴，帮倒忙；解决问题的关键是真正帮助到小梅，让家长看到孩子健康快乐地成长，自己也就会慢慢阳光起来。

对此，学校明确提出：佟老师不能换，但是得给家长“一个台阶”，也不能不换。

于是，由班主任在班里宣布：最近佟老师身体不太好，给三个班的同学上课有点吃不消，咱们班的数学课由我来给大家上，如果我和同学们有什么问题，随时请佟老师来帮忙。

这样一来，佟老师确实换了。数学有什么问题，佟老师随时来帮忙，佟老师又没有换。

同时，学校积极争取家长们的配合，依靠全班家长的支持配合来做好家校沟通。

我们把家委会的几位同志请到学校，首先介绍了最近发生的一切，感谢家长们对老师的理解和支持。接着把学校通过家访了解到的情况，以及我们准备如何帮助这个家庭，一一做了介绍。

家长们都十分感动，表示一定团结全班家长，配合好学校接下来的工作。我们把需要家长如何配合的策略做了详细说明，大家朝着共同的目标开始行动。

冷却

学校认为小梅爸爸一心疼爱孩子，加上之前因孩子学习，佟老师对这位爸爸说话比较不客气，让其很没有面子，从而失去对老师的信任，所以才导致这次处事有些偏激。于是，将学校“全接纳，慢引导”的育人理念进一步应用到了对待家长上面，让佟老师临时退到班里数学教学的幕后，不再正面“刺激家长”，而是由班主任暂代数学老师的教学工作。

跟班里孩子们说的话，班主任又在家长群里说了一遍：“因为佟老师最近身体不太好，教三个班的数学课有点吃不消，我先暂时代一段我们班的数学课，不懂的地方我会向佟老师请教，请大家放心。”

家长们心里都明白是怎么回事，但是谁也没有再意气用事，跟进班主任的回复都是：老师辛苦了！您一定没问题！希望佟老师注意身体！等等。

回暖

在之后的两周中，年轻的班主任张老师真的替代了佟老师的数学教学任务，小梅爸爸也没再找学校提之前的意见。后来，张老师碰到不懂的问题，会“故意”让同学去请佟老师过来帮忙。慢慢地，佟老师进班的次数越来越多，连小梅都问：“佟老师，您身体好点儿了吗？什么时候能回来给我们上数学课呀?”

大家记不清从什么时候开始，佟老师又重新回到了小梅他们班。

小梅家长对这一变化给出了默认。

班级家长群也重新活跃起来，小梅爸爸比以前表现积极，多次在班级群与老师互动，还邀请家长们一起去参加他们组织的活动。

更令人意外的是，小梅爸爸主动删除了之前在网上指责老师、诋毁学校的所有信息。

沉淀

常在河边走，哪有不湿鞋?

类似因为老师不经意间引发的家校矛盾，我处理过不知多少起，有的药到病除，有的久拖不决。但是，没有哪一起矛盾像这件事，让我从头至尾感到的是温暖，看到的是光明。

佟老师，从始至终没有过一句委屈和抱怨，跟学校同步同向解决问题。我在全体老师会上表扬她的时候，佟老师回应了三句话：自己当了20多年的老师，还得让年轻的班主任为自己解围，无地自容；学校提出的走进学生心灵和携手家长，自己都没有做到，惭愧之极；学校领导每次处理家校矛盾都是保护老师、包容家长，真正在促进每一个生命的成长，对社会负责，所以，格外踏实。

在此事件中，我无数次被人性的光辉所感动。数学佟老师、班主任张老师在前方配合学校领导解决问题，其他老师在后方积极配合与鼓励，默默用自己的行动树起垂杨柳中心小学教师团队向善、向好的整体形象，在问题解决的过程中，大家都在学习和成长。

这“向善、向好”自然也包括学生家长，当得知自己对老师的支持可能会给学校“帮倒忙”，所有的家长都自觉地配合学校，保持“沉默”，让小梅爸爸得以挽回面子，接受大家的善意。

感谢小梅！是她让我们这些成年人勇敢地超越自我，塑造出更好的生命样态。祝愿这棵幼苗在垂杨柳中心小学健康成长！

事件反思

沟通与理解：家校共育的起点与基点

从事教育事业以来，我一直想借助小梅这种案例向家长朋友们传达一个认识与观点：家庭和学校之间，沟通与理解是家校共育的起点和基点。

孩子的教育从来不是学校或家长单方面的责任，而是需要彼此的通力协作。就像一个人一样，一条腿是无法灵活行走的，两条腿协同才能够共同前进。

苏霍姆林斯基曾说："教育的效果取决于学校和家庭教育影响的一致性。只有学校和家庭志同道合，抱着一致的信念、一致的行动，儿童才能获得全面和谐的发展。如果没有这种一致性，那么学校的教育和教学过程就会像纸做的房子一样倒塌下来。"

由此可见，家庭和学校之间只有在教育方面达成一致性，才能真正促进孩子的健康成长。

学校和家庭有着共同的一致性：让孩子变得更优秀，即引导和帮助孩子品德形成、道德养成、价值观培育，为孩子的幸福人生奠基。

我时常和老师们说，教师是一个"良心职业"，从古到今都是，每一个老师都会为自己优秀的学子而骄傲。

孔子被誉为"万世师表"，传言他教有三千门生、七十二圣贤，但从某种意义上来说，只是他那些优秀的学生成就了他的传世盛名。每一位老师都渴望自己的学生足够优秀。而对于孩子的个体来说，每一位家长都会对孩子的教育倾注很多，且不说古有"孟母三迁"，单说近些年来的"学区房"竞争，就足以体现出家长对孩子教育的重视。

由此显而易见，学校和家长对待孩子拥有着极为重要的契合点，共同的目标取向意味着彼此之间协同的可行性，而彼此之间的沟通理解，则让可行性变得更加稳固。

“两个教育者——学校和家庭，不仅要一致行动，向孩子提出同样的教育要求，而且要志同道合，抱着一致的信念，始终从同一原则出发，无论在教育的目的上、过程上，还是手段上，都不要发生太大分歧。”

这里，我再次引用苏联教育家苏霍姆林斯基的教育论点，虽然我不认同教育有着一成不变的永恒准则，但是从古今中外的纵向和横向来看，教育的核心内核始终有着相同之处。

我想给这句话的后面加上一点个人的想法：“在学校和家长追求同一原则的目标时，彼此之间的沟通与理解将是最好的方式，双方彼此较为透彻的沟通与理解会使这种一致性变得更加务实，这无疑是在共同目标上对孩子教育的锦上添花。”

回到“必须换掉她”这个事件来看，小梅的爸爸根据几句话就主观臆测出老师让全班同学嘲笑他的女儿，愤怒战胜理性，从一开始就没有和学校沟通了解事实真相，导致矛盾的产生。而在接下来的发展中，对于学校的真诚沟通，也始终怀着一份偏激、带着一种抵触，也由此让自己和家庭囫囵于一种执念和强硬。

在这种情况下，即使彼此之间拥有共同的教育目标，但因拒绝沟通、阻绝交流，也使得事件一步步地陷入僵局。更为严重的是，小梅爸爸曾以女儿不上学作为“要挟”，作为家长，这确实是一种极不负责的行为。

我很庆幸，在整个事件的处理过程中，有诸多同事一起想办法，共同努力。从一开始的沟通致歉，中期陷入僵局时的容忍和妥协，再到获得喘息时机时主动家访、寻求突破，由于制定了灵活而有效的策略，最终在大家的共同努力下将事情合理圆满地解决。

更令我感到欣慰的是，在学校老师的耐心和坚持下，也慢慢地改变了小梅爸爸的态度。

当然，这件事合理圆满地解决还产生了让我意想不到的效果，在这个事件中，我们沟通协作的对象，从一开始小梅的爸爸一位家长，扩展到整个班级的学生家长。

在整个过程中，很多家长逐渐体会到学校的良苦用心，一些持观望态度的家长，也开始积极建言献策，而那些始终支持理解学校工作的家长，则通过支持家委会，为解决此事发挥了极为重要的作用。

从整个事件来看，家长们自主地对学校决策的理解支持，比学校“被动地传递信息”更为有效。这件事也帮助我们不断完善家长和学校的沟通机制，更进一步提升了彼此之间的行动协同。

在处理这件事的过程中，面对社会舆论可能带来的压力，学校曾暂时做过妥协。

无奈的妥协，实则是因为当下社会舆论对教育事业理解不够的体现，每当家长和学校产生矛盾时，社会舆论更多偏向于“家长是弱势一方，学校是强势一方”。这或多或少助长了家长的底气，但是在家校共育的关系中，本就没有、也不该有“弱势”和“强势”之分，而是需要更多的理性、更多的理解。

教育从来不是简简单单的事，需要家长的支持，需要学校的努力，需要彼此的理解，也需要来自整个社会的锦上添花。

代　跋

一

拿到钟校长的稿子，我一口气读到深夜。在那些故事里我多次看到了自己的身影，校园开放日的忐忑、罢课风波时的从容、坚持为小季办画展、陪李慧老师的那次家访……不像在读一部书稿，倒像是和钟校长，还有同志们面对面地讨论着每一个事件。

钟校长是按照意外伤害、家校矛盾、家庭教育、公共安全、特殊学生五种分类，组织文章形成整部书稿的。而在我脑海中却以时间为线索，把这些案例组织了起来。沿着我们一起走过的七年时光，回到钟校长笔下的这些故事里，我更加清晰地看见学校的发展，看见身边的干部、教师、家长的变化，看见自己的成长。

还记得，2013 年钟校长刚到垂杨柳中心小学，巧遇因骨折在家养伤的小季父亲，她在和我们说到“家长诉求”的时候哽咽了，当天就安排我陪李慧老师去家访，圆了小季的心愿，“老师真的来了”！在《和谐看得见》这篇文章里，钟校长也讲到 2018 年我鼓励小卢老师通过家访成功化解误会，赢得家长理解信任的故事。真诚沟通、主动家访已经从“家长诉求”变成了我们的自觉行动。

还记得，也是钟校长刚到学校不久，一个叫苗苗的三年级女生家长，在把孩子转学到国际学校以后向钟校长道出转学的原因：孩子很怕三年级新换的班主任洪老师。十一假期可能回老家耽误了一些孩子的功课，苗苗作业只得了 78 分，洪老师说：“玩疯了吧，全班就你最差！”一句“就你最差”让苗苗深受打击，还认定洪老师不喜欢自己。家长有一个诉求：哪天特意带孩子回来，以看同学为名制造一次与洪老师见面的机会，让洪老师提一下那件事“给孩子道个歉”，让孩子知道自己不是全班最差的，洪老师喜欢她。结果，洪老师怎么也不肯配合“演场戏”，一是怕家长挖坑，二是觉得不能惯家长毛病……这与钟校长在好几个故事中讲到的，近年来学校始终站在孩子的立场上、为孩子的终身发展负责的干部教师群体，形成明显反差。“健康、向上、担当”的确正在成为我们整体的素养和气质。

七年时光我们一起走过，当用一条时间线把这些故事串联在一起时，钟校长讲的其实是同一个故事，那就是我们追求生命阳光，打造生命成长共同体，实现学生成长、教师发展、家庭幸福，推动社会和谐进步的时代故事。

这七年，我们学校发生的故事太多太多，钟校长写进书中的故事却都与学生家庭、家长有关。她用这些故事来说明：教育人身处教育却不能孤立地看待教育，每一个家校问题背后都有对社会的映射。她用这些故事来证明：除了教书育人，我们还有更多的使命需要且必须担当。

改革开放40多年来，我国取得的成绩有目共睹，全面建成小康社会就在眼前。但同时我们的发展还不均衡，不充分，城乡之间不均衡，东部西部不均衡，家庭之间不均衡，各种社会问题与教育如影随形。正如党的十九大报告所讲：人民在民主、法治、公平、正义、环境、安全等方面的要求都日益增长。而教育作为民生之基的工程，让每一个孩子享受公平而有质量的教育，越加成为百姓的核心关切。从党之大计、国之大计的高度，教育的优质均衡不只在于政令要求和资源配置，更有每所学校的管理者对学校文化的精心培育；更有每位一线教师对学生的公平呵护；更有每位家长对学校教育的理性关注；更有每位社会人士对儿童成长的全心支持。

最后想说一点，我赞同钟校长写这本书所选取的角度，也非常佩服钟校长对案例中那些“家丑”不回避的勇气。相信这些真实的案例，不仅会引发我和伙伴们的咀嚼反思，一定还会让更多人引起共鸣。相信“读进去、动起来”，改善好我们自己，定能影响家长，带动社会。

祝愿我们携手的明天和谐看得见、花开有声……

郑丹娜

（作者系北京市朝阳区垂杨柳中心小学党支部书记，正高级教师）

二

祝贺钟校长，终于完成了这部书稿。

我和大家一样，是这些故事的亲历者。一段时间以来，钟校长每记录一个事件、完成一篇反思，第一时间就会与我们分享，她把写作的过程当作带着我们回望来路、感悟成长的过程。如今再读整部书稿，仍旧爱不释手。

读着这些故事，我最关注的也是那里边的自己。一边读一边调取脑海中的记忆：

《郭老师的‘幺蛾子’》里边，小雨家长对有了五年交情的郭老师那么“毫不留情”；《无法当空军》里边，李越家长揪着孩子在学校划伤这点事儿，诉求变来变去，两年没完没了；《腹背受敌》里边，小乔家长为了“一地鸡毛”，搞得学校几个月“鸡飞狗跳”。这些家长曾经颠覆了我对现代家长的认知，如果没有钟校长这个“主心骨”坐镇，没有她在家长面前的坚持和隐忍，没有她“裉节儿”时候的化险为夷，我不知道这些家长还能不能像现在这样，成为我们的朋友和学校的支持力量。

任何一个团队都免不了有个把“猪队友”。郭老师在遭遇家长投诉未果的节骨眼儿上，把气撒在学生身上；文老师在班里两派家长剑拔弩张的局面下，仍然固执己见；还有《被纸张划伤》里的刘老师、《必须换掉她》里的佟老师……如果不是在垂杨柳中心小学这个“幸福从教的港湾”里，不知道他们是否能够在跌倒后勇敢地爬起来，发出“无地自容、惭愧至极和格外踏实”的感慨。永远不做“猪队友”，“健康、向上、担当”，把“和谐看得见”作为自己努力的方向。

曾经，我认为钟校长在小雨家长和郭老师“大战”之时，及时把小雨安排到其他校区上课，是为息事宁人。到了钟校长再次主动把五年级那个胖姑娘调了校区，让她和比自己还胖的班主任相遇，我终于明白了钟校长“多此一举”的良苦用心。通常无论什么关系，何种理由，学校都不允许调班，即便我们校区间有操作的可能，也要坚持原则。但是钟校长主动突破规矩的举动无不令人叹服，她说：“一切从儿童利益出发，成人之间的对与错、得与失都显得那么渺小。一切从儿童利益出发，会让我们智慧地找到解决问题的方案，并且促进自身的成长。”

我想钟校长之所以写这本书，就是再一次与干部、与老师、与家长对话交流，她用这些故事揭示问题，也用这些思考引发共鸣。是再一次呼吁：有如“德不近佛者不可以为医，才不近仙者不可以为医”，面对社会和家长越来越高的期待，我们必须拿出更大的勇气，担当起守护儿童成长的神圣责任。

忽然想起钟校长曾经写过的一篇文章：

社会热议教师的惩戒权，对我们教育人来说当然不是坏事，但是我们还是要有自己的冷静思考。

惩戒是必不可少的教育手段，赋予教师惩戒权不仅是对教师履职育人的支持与鼓励，更是对儿童成长规律的尊重与负责。作为校长除了关注教育惩戒权政策内容的可操作性，我更加关注教师、家长和全社会，能够借助政策的出台进一步形成统一认识，为学生营造更加健康有序成长的环境。

我们要进一步加强师德师风建设，借此契机引导广大教师更具教书育人的勇气、更具教育教学的底气，走进学生的心灵，携手家长，共同做好立德树人的教育。

我们要带领教师学习和领会有关政策的内容和精神实质，坚持尊重生命，坚守师德底线，研究和把握惩戒手段使用的对象和策略，将规则意识、权利意识更好地植入师生的脑海。

有效运用惩戒对教师其实是一种更高水平的专业要求，建立在更深厚的师生情感和家校关系的基础上。教师要注重学习教育心理学知识、危机处理的方法、沟通交流的艺术，不断丰富自己的教育智慧。学校要注重总结和分析教育过程中正反两方面的经验、教训，警示和引导教师慎用惩戒、用好惩戒。

《孩子不是碎钞机》《给“抢跑文化”降降温》《从“堵”到和孩子一起“玩”》……钟校长关注师生、关注家长、关注家校、关注社会的文章还有很多，我想这都是她与我们的对话交流，也是她“师爱无痕”的真情流露。

相信我们携手的未来，改变还将继续……

郑秋玲

（作者系北京市朝阳区垂杨柳中心小学副校长，高级教师）

三

又是一年芳草绿，报春红梅吐新蕊。

伴随着教育改革的步伐，应和着新时代发展的节拍，凝聚着钟亚利校长心血的《家校钟声》一书出版了！衷心祝贺！

翻开这本书，那一个个案例曲折、生动，读起来犹如小说般跌宕起伏，危急与危机处理的巧妙与入情入理，反思的敏锐深刻细致，深深地触动着我的心。我不禁想起诗人艾青的著名诗句：

为什么我的眼里常含泪水？

因为我对这土地爱得深沉。

我佩服她的勇气，她对教育的深刻理解和使命担当给了她用“我笔写我心，我字释我情”的力量。每个案例中都有家校的祸节儿，涉及了意外伤害、家校矛盾、家庭教育、公共安全及特殊学生等一系列社会敏感问题，一个个案例耐人寻味。这本书读起来的确不轻松，可想而知，写起来更需要深思熟虑、反复斟酌……

“直面学校或家校之间出现的矛盾，把握每一次处理问题过程中锻炼队伍、引导家长、影响社会的契机，是推动学校、社会和谐进步的重要内

容和有效策略。”（《教育的勇气》）

是啊，挚爱教育的真情犹如汩汩清泉流淌，这字里行间写满了“爱”与“希望”。爱教育、爱老师们、爱孩子们！希望全社会都来关心教育，希望大家从案例中有所反思，全面认识教育，不断完善自我，履行好干部、教师和家长以及社会的责任……

有人说，当今最美好的生活方式是和一群志同道合的人，一起奔跑在理想的路上，抬头有清晰的远方，低头有坚定的脚步，回头有一路的故事。

我很羡慕她的同伴们，能有缘与这样一位品德高尚、为人朴实、具有大爱和大智慧的领导朝夕相处，参与、亲历、见证学生的成长、自我的成长和学校的发展，在共同的风雨中增长才干，不断书写砥砺前行、不懈奋斗的故事。

是啊，在她的带领下，“让生命阳光般灿烂”的办学理念深入人心，学校成为学生、教师、家长彼此关联的“生命成长共同体”，成为“干部成长的摇篮，名师成长的基地，教师幸福从教、学生茁壮成长的港湾”，受到领导认可，同行赞誉，成为了名副其实的“百姓身边的好学校”。

其实，我也很荣幸，与她是师范学校的同班同学，也是她的挚友。她写完一篇，发给我一篇，我是她的第一位读者。有时见面，她征求我的意见：“案例看了？你觉得写这些有必要吗？”

“太有必要了，处理学校的突发事件和棘手问题，不仅是校长和干部应具备的能力，而且，从全社会都关心和关注教育的大形势看，每位教师也要具备应对突发事件与危机的意识和能力。”

“可我是‘家丑外扬’啊！”她接着问，“你觉得有必要把这些案例编辑出版吗？这两年，写写停停，一直有这个念头。”

我看她对此还有顾虑，就坚定地说：“太好了，盼着你再出新书，一定会对干部、教师和家长有帮助的。”我又接着补充：“会对我帮助更大，今后给干部和教师做培训时，我也有更多素材了！”

“如果成书，我希望不仅教育人看，社会人也能看得进去！”她自言自语。

看来，她决心已定。

是啊，她是一个有梦想、有追求的人，目标笃定，脚踏实地。

说来，我和她还有一层关系——曾经的同事。那是2005年7月我被教委调到劲松四小任党支部书记，她兼任垂杨柳学区管委会主任，是我的直接领导。我虽然当过校长多年，但是头一次当书记，怎么当好书记、如何摆正位置与年轻的校长齐心协力带领学校发展，对我和校长都是挑战，也是考验。记得有几次我与校长出现对事的看法和处理意见不统一，跟她沟通，请她帮助出出主意，都被她处世的成熟与工作的艺术所感动。我经常跟同事说：遇到这样一位睿智的领导是福气！我与校长和谐相处的故事——《调控与和谐》，被她记录在《校长的智慧》一书中：

“学校发展规模不同、发展内容不同、人员结构不同，在具体环境下围绕充分发挥每一位班子成员的作用，有必要进行一些工作调控。调控是要让对方发热发光，合心合力谋学校发展。

“劲松四小年轻的陈校长，她尊重教委派来的穆书记。让书记在班子建设和学校日常管理方面的优势得以发挥，完善班子整体管理效能。穆书记则甘愿奉献，让校长有更多的时间集中在优质学科的创建和学校艺术特色的提升上。她们合作三年，劲松四小有了质的飞跃，她们的合作被传为一段佳话。2007年正职干部考核，她们双双跨入被教工委表彰的行列。”

她是怎么调控的呢？

“当我发现学校书记工作有些冒进，信号过强的时候，就会拿一些听到、看到的现象帮书记分析，引导其进行调整，防止工作中让不良心态‘钻空子’。当听到学校校长有些想法需要支持，但具体环境又受到限制的时候，除了给予她鼓励，还会从学区层面策划支持。既要维护校长的法人地位，又要尊重书记作用的发挥。更多的调控是传递鼓励，传递书记、校长相互理解、欣赏的信息，把他们凝聚成一个整体，达成默契。”

这些语言朴实无华，却体现出领导者的睿智与风范。与她共事的三年是我蜕变的三年，我的为人处世多了变通，管理工作更讲究方法与艺术了，也为我日后成为“朝阳区教育系统第二届‘好书记’”打下了基础。从那时开始，我们成了挚友，我很珍惜这种友谊，感恩遇见。我想，现在她的同事们一定和我当初的感受是一样的：身边有这样的好领导、好朋友，是人生路上难得的福气。

最后，表达一下我的美好祝福：

作为老同学，希望你成为校长的杰出代表，为我们奉献了全部青春、终生热爱的教育事业不懈奋斗！

作为老同事，祝愿你的所有教育理想都能实现，带领垂杨柳的伙伴们，继续“向下扎根，向上生长”！

我愿继续与你同行，共创美好的未来。

你的挚友：穆英

（作者系北京市芳草地国际学校原党支部书记）

后　记

“把自己记录的这些故事以及带给我们的启示编辑出版”，从起意到基本完成经过了大约两年时间，其间多次“提笔”而后又“停滞”……

这些故事真实发生在我们身边，或温暖感人，或不可思议，都是大家的共同记忆。但我一边整理，也一边质疑：真的有必要公开其中的“家丑”吗？真的要揭开那些“校伤”吗？真的要在百忙中还劳神费力吗？但每当要放弃时，我的脑海里总会有一种声音出现：这些记忆中的故事，除了尘封在档案中，应该发挥它独特的价值，如果大家能够通过这些故事，找到影子，照到镜子，学到法子，将是一件多么有价值的事情。

我尝试将写好的案例同周边人分享。

伙伴们说：“您写吧，这些年跟着您同行，经历很多，但很少深思为什么，这些案例能让我们更加清楚今后应该如何做。”

校长们说：“赶紧写，这些案例是我们真实生活的写照，把我们的努力写出来，把我们的需要说出来，我们支持你！”

专家们说：“写得好，丰富的实践与经验，就是您的实力和优势，这些案例不仅对教育有价值，对社会也确实有重要的意义！”

这些支持和鼓励让我最终下定决心完成这本书。

写到这里，这本书的编撰工作也即将接近尾声。冬天的脚步渐渐远去，2020 年的春天正在向我们走来。也许，2020 年的开端有些不平常，但正是这些不平常积蓄起了磅礴力量。我们干部、教师也将踏着春天的脚步，积蓄起教育的生命力量，这种力量就是“爱”。新的十年已经拉开序幕，我们将只争朝夕，不负韶华！

2020，爱你爱你。在这里，我想要表达最真心的感谢：

道之所存，师之所存。感谢我成长路上的恩师、领导、挚友，是你们的包容与引领，让我得以在朝阳教育沃土上不断成长。

良师无言，大爱永续。感谢有缘携手的每一位同事，与热爱生活、热爱工作的你们一起成长、一起拼搏、一起努力，一生荣幸。

守望初心，教学相长。感谢家长们和学校里的每一位学生，与您相识、与孩子们的相遇，带给我难以言说的幸福和充盈，是你们让我一次次感动，让我成为更好的自己。

让我们在感谢中感动，在感动中感恩，在感恩中励行，去开启一个更加美好的教育明天！

钟亚利

2020 年 2 月于防疫宅中

图书在版编目（CIP）数据

家校钟声 / 钟亚利著 . -- 北京：中国社会出版社，2020.6（2023.10 重印）
ISBN 978-7-5087-6345-3

Ⅰ. ①家… Ⅱ. ①钟… Ⅲ. ①学校教育－合作－家庭教育－研究－小学 Ⅳ. ① G626

中国版本图书馆 CIP 数据核字（2020）第 066960 号

出 版 人：程 伟　　**终 审 人**：李 浩
责任编辑：杨春岩　　**封面设计**：时 捷

出版发行：中国社会出版社　　**地 址**：北京市西城区二龙路甲 33 号
邮政编码：100032　　**编 辑 部**：(010)58124829
网 址：shcbs.mca.gov.cn　　**发 行 部**：(010)58124841
经 销：新华书店

印刷装订：北京九州迅驰传媒文化有限公司　　**开 本**：170 mm×240 mm 1/16
印 张：16.5　　**字 数**：232 千字
版 次：2020 年 6 月第 1 版　　**印 次**：2023 年 10 月第 3 次印刷
定 价：58.00 元

中国社会出版社微信公众号　　中国社会出版社天猫旗舰店